总能做出正确决定的
幸运法则
THE LUCK FACTOR

〔英〕理查德·怀斯曼（Richard Wiseman） 著 陈蕾 译

湖南文艺出版社
HUNAN LITERATURE AND ART PUBLISHING HOUSE 博集天卷
CS-BOOKY

图书在版编目（CIP）数据

总能做出正确决定的幸运法则 /（英）理查德·怀斯
曼（Richard Wiseman）著；陈蕾译. — 长沙：湖南文
艺出版社，2018.11
书名原文：The luck factor
ISBN 978-7-5404-8849-9

Ⅰ.①总… Ⅱ.①理…②陈… Ⅲ.①成功心理—通
俗读物 Ⅳ.① B848.4–49

中国版本图书馆 CIP 数据核字（2018）第 217387 号

著作权合同登记号：18-2018-327

The luck factor by Richard Wiseman
Copyright © Richard Wiseman 2003
This edition arranged with PEW Literary Agency Limited, acting jointly with
C+W, a trading name of Conville & Walsh Ltd
through Andrew Nurnberg Associates International Limited

上架建议：心理学·自助

ZONG NENG ZUOCHU ZHENGQUE JUEDING DE XINGYUN FAZE
总能做出正确决定的幸运法则

著　　者：［英］理查德·怀斯曼（Richard Wiseman）
译　　者：陈　蕾
出 版 人：曾赛丰
责任编辑：薛　健　刘诗哲
监　　制：蔡明菲　邢越超
策划编辑：毛昆仑
特约编辑：朱冰芝
版权支持：辛　艳
营销支持：张锦涵　傅婷婷　文刀刀
封面设计：仙境设计
版式设计：李　洁
出版发行：湖南文艺出版社
　　　　　（长沙市雨花区东二环一段 508 号　邮编：410014）
网　　址：www.hnwy.net
印　　刷：天津旭丰源印刷有限公司
经　　销：新华书店
开　　本：880mm×1230mm　1/32
字　　数：164 千字
印　　张：8
版　　次：2018 年 11 月第 1 版
印　　次：2018 年 11 月第 1 次印刷
书　　号：ISBN 978-7-5404-8849-9
定　　价：45.00 元

若有质量问题，请致电质量监督电话：010-59096394
团购电话：010-59320018

1
∧总能做出正确决定的幸运法则∨

第一部分 _001
为何幸运的人总是幸运

好运能把不可能的事情变成可能，它能带来生与死、兴与衰、喜与悲的巨大差别。运气潜藏在我们的生命中，往往能在短短几秒之内改变一切，不分时间、地点，也不会预告。在本章中，我们一起发掘幸运背后的神秘原因。

2

第二部分 _035
幸运的四项基本法则

幸运有很多种方法，比如保持从容的态度、积极拓展人脉圈、勇于尝试新体验等。让自己变得幸运需要大智慧，只有激发更多吸引美好事物的法则，才能将各种好的情境、人和事件带进你的生命当中。

目 录

3 第三部分 _199
放手去做，创造更幸运的生活

挖掘幸运的秘密是个漫长却很有价值的过程。几千年来，人们认识到幸运的重要性，但认为这是一种神秘的力量，用尽一切手段却遍寻不着。实际上，你才是自己未来的创造者，依照书中的方法，你就能收获生命中想要的一切。你所要做的只是秉持一种真诚的转化的愿望，一种以全新的方式来看待你的幸运的意愿。现在就行动起来，未来掌握在你的手中。

如果一个运气不好的人去卖雨伞，大雨就会停止；如果他去卖蜡烛，太阳就会永不下山；如果他去做棺材，人们就会长生不老。

——意第绪格言

把一个幸运的人扔进海里，他会衔着一条鱼爬上岸来。

——阿拉伯谚语

幸运的人总能遇见理想伴侣，实现人生目标，找到让人满意的工作，过着幸福且充实的生活。他们的成功并不是因为他们格外勤奋、天赋异禀或者智商超群，而似乎是，这些人拥有一种"超能力"，总能在恰当的时间、恰当的地点享有比一般人更多的好运气。本书的重点在于科学地研究所谓的"好运"是怎么一回事，说明为什么幸运的人总能过着令人羡慕的生活，并向其他人讲解怎样才能获得好运气。

这项研究历时数年，经过大量的访谈和实验，成百上千名极其幸运和特别倒霉的志愿者参与其中。研究结果表明，我们应当站在全新的角度来看待运气，以及它在我们日常生活中所起的重要作用。人不是天生就有好运气。事实上，幸运的人在日常生活中往往不知不觉地运用了四项基本法则来创造好运势。你一旦领悟这四项基本法则，你就能把握运气的实质。更重要的是，这些法则能用来提高你生活中的幸运指数。

简而言之，这本书讲述了人们渴求已久的人生之道——用一种科学实证的方式来理解、掌控并提升你的运气。

我从小就对与众不同的事物有着强烈的兴趣。在儿童时期，我就痴迷于魔术和幻觉。10岁不到，我就能让手帕凭空消失，还能彻底洗牌而不打乱纸牌的顺序。在青少年时期，我加入了举世闻名的伦敦魔术团。20岁出头，我就多次受邀前往美国，在著名的好莱坞魔术城堡登台献艺。

我很快发现，要想成为一名成功的魔术师，你必须了解他人头脑中的想法。优秀的魔术师知道如何分散观众的注意力，避免让他们起疑，以及防止他们发现魔术的玄机。随着时间的推移，我对魔术表演背后的心理学原理越来越感兴趣。这份兴趣最终促使我就读伦敦大学的心理学专业。随后，我前往爱丁堡大学继续攻读心理学博士学位。毕业后，我在赫特福德大学创办了自己的研究中心。

在研究中心，我们对各种心理现象展开了大量的科学研究。或许缘于魔术师的经历，我带领团队探索的心理学领域也多少有些另类。

我们研究了那些似乎能与死人对话的通灵巫师、声称能协助警方破案的心灵侦探以及仿佛能用意念治愈疾病的精神治疗师，还研究了人们在撒谎时行为的变化，分析了魔术师是如何运用心理学来欺骗观众，以及识别各种谎言和欺诈的方法。我们还开设了培训课程，帮助人们提升揭穿骗术的能力。我在多家科学期刊上发表了我的研究成果，在不少学术会议上宣讲，并举办了多次讲座，讲解这些研究成果在商业领域的实际应用。

几年前，我受邀做一个关于我的研究工作的演讲。类似这样的演讲经历早已数不胜数，但我万万没有想到，这次经历将彻底改变我之后的研究方向。

我打算在演讲里穿插一个简单的小魔术。我会向一位观众借一张 10 英镑的纸币，然后塞入信封，并与其他 19 个一模一样的空信封混在一起。接着我会请这位观众从中选一个信封，然后烧掉剩下的 19 个信封。最后我将打开被留下的信封，拿出属于这位观众的 10 英镑，并祝贺他选对了。

但是那天晚上的演出有点古怪。我向观众席上的一位女士借了张纸币，然后塞入信封，并与其他相同的空信封打乱顺序后排成一列。我留意着那个信封的变换位置，确定它位于最左边。随后我请该女士选择一个信封，当她在我的暗示下最终选择了那个装有她 10 英镑的信封时，我不禁暗自窃喜。我把其余的信封收起来烧掉。当灰烬散去，我打开了那个仅存的信封，从中抽出了这位女士的 10 英镑。

观众们报以热烈的掌声和欢呼声，但是那位借我英镑的女士看起来一点也不惊喜。我询问她的感受，她淡定地表示这类事情对她来说再正常不过。无论是在工作还是个人生活中，她总是能在恰当的时间、恰当的地点，好运连连。她说自己也不明白这一切是为什么，所以她总是把它们归结于自己运气好。

她对自身运气的自信引起了我的兴趣，于是我询问在场的其他观众，是否有人觉得自己特别幸运或特别倒霉。演播厅前排的一位女士举手讲述了她的好运气是如何使她实现一个又一个人生目标的。而演播厅后排的一位男士则无奈地表示自己向来霉运缠身。他深信，如果我是问他借钱，那么结局一定是以灰飞烟灭而告终。就在讲座的前一天，他弯腰去捡一枚"幸运"币时，头却倒霉地撞到了桌子，差一点就晕过去。

讲座过后，我仔细回想了整个过程。为何那两位女性观众能特别幸运，而那位男性观众却觉得自己霉运缠身？他霉运不断，是因为身手笨拙，还是有更深层的原因？看似偶然的运气背后是否有其必然？我决定就这个课题开展一些初步研究。当时，我对前路一无所知。我觉得整个研究项目会需要寻访几十个人，做一些实验。然而事实上，整个项目历时8年，有数百名能人志士参与其中。

这本书第一次全面地记录了我的研究成果。首先，我简要概述了运气是如何改变我们生活的。瞬间的好运如何引领我们走向长久的幸福和成功？而瞬间的厄运又如何导致我们坠入绝望与失败的深渊？然后，我将探讨自己针对这个课题所开展的初期研究，以及这些研究最终是如何揭开幸运生活的四项基本法则的。在详细分析完每项法则之后，我会针对性地介绍一些实用的方法与练习，帮助人们创造更加幸运的人生。

但在开始之前，我想先请你回答几个和你自己相关的小问题。

打造你的"运气日志"

在本书中，我会请你完成各种问卷与练习。其中很多都是我在课题研究过程中对"幸运儿"与"倒霉蛋"所进行的心理测试，请将你的回答记录在一本专门的"运气日志"里——可以是笔记本或是便笺本，但最好是不少于40页、A5纸大小的横线本。你的回答将反映各项幸运法则与你的匹配度，从而帮助你找到提升好运的最佳途径。

运气练习 1：运气档案

第一份问卷很简单。翻开运气日志，请在第一页的上方写好标题"运气档案"。现在请在页面中间画一条竖线，在页面左边逐行写好数字 1~12。

随后，请认真阅读问卷中的每个陈述项，并在页面右边用数字 1~5 来表明你对每项描述的同意或不同意的程度。

1. 坚决不同意

2. 不同意

3. 不确定

4. 同意

5. 坚决同意

请仔细阅读每一项陈述。如果你不确定某项陈述与自身的贴切程度，那么就简单写下你觉得最合适的数字。每个选项不用过分斟酌，诚实作答即可。

运气档案	
陈述	**你的得分（1~5）**
1. 我有时会在超市或银行排队时和陌生人搭讪。	
2. 我不太会对生活感到焦虑和担忧。	
3. 我乐于尝试新鲜事物，比如尝试新推出的食物或饮料。	
4. 我经常能聆听自己"内心的声音"。	
5. 我有尝试用一些方法来增强我的直觉，比如冥想，或者只是找一个安静的地方待着。	
6. 我总是盼望好事有一天能降临在我身上。	
7. 即使希望渺茫，我也想要去追逐自己渴求的事物。	
8. 我希望我遇到的人都能友善、热心。	
9. 无论发生什么事情，我往往能看到它积极、阳光的一面。	
10. 我相信即使是消极的事件，从长远来看，也会对我有积极的影响。	
11. 我并不会沉溺于过去糟糕的经历而裹足不前。	
12. 我努力从过往的错误中吸取经验教训。	

在这本书中，我们将多次回顾你的回答，并用它们来揭开你个人的"运气档案"——评估你在生活中对运气的运用情况，以及更为重要地，让你在生活中增加自己的好运气。

为何
幸运的人
总是幸运

好运能把不可能的事情变成可能，它能带来生与死、兴与衰、喜与悲的巨大差别。运气潜藏在我们的生命中，往往能在短短几秒之内改变一切，不分时间、地点，也不会预告。在本章中，我们一起发掘幸运背后的神秘原因。

第一章

运气的力量

　　人们把赚钱看成天大的事情。然而赚钱根本不需要动脑子。据我所知，一些最愚蠢的人都是最有钱的人。事实上，我坚信成功等于95%的运气加5%的能力。以我为例，我知道在我手下随便挑出一个人都能把公司经营得红红火火，不比我差。他们只是没有运气得到这种机会——这是他们与我之间唯一的区别。

　　　　　　　　　　——朱利叶斯 · 罗森沃尔德（前西尔斯 · 鲁巴克公司总裁）

运气极大地影响着我们的生活。瞬间的厄运足以让多年的奋斗付诸东流，而瞬间的好运也能带领我们走向成功和幸福。运气拥有化腐朽为神奇的力量。一念之间，它决定了生与死、兴与衰、喜与悲。

约翰·伍兹是一家律师事务所的高级合伙人。他在纽约世界贸易中心双子星大楼被恐怖袭击撞毁前的数秒离开了办公室，幸免于难。这并非他第一次受到幸运女神的眷顾。1993年，世贸中心发生爆炸时，他正身陷大楼第39层，然而最终他竟毫发无损地逃了出来。1988年，他原计划乘坐那架最终在苏格兰洛克比上空爆炸的泛美航空公司的飞机，却在最后一刻被人忽悠去参加一个公司宴会而取消了航班，幸运地与死神擦肩而过。

好运与厄运不仅仅关乎生与死，它们也影响着财富的兴与衰。

1980年6月，莫琳·威尔考克斯分别购买了马萨诸塞州和罗得岛州的彩票。令人难以置信的是，她的两组彩票号码都中奖了，然而她却分文未得——她那张马萨诸塞州的彩票押中了罗得岛州的中奖号码，而她那张罗得岛州的彩票又戏剧性地押中了马萨诸塞州的中奖号码。但是有些买彩票的人却一直受到幸运女神的眷顾。1985年，伊夫林·玛丽·亚当斯在新泽西买彩票中了400万美元。短短4个月后，她又中了150万美元。唐纳德·史密斯的运气更好。他分别在1993年5月、1994年6月和1995年7月，3次赢得威斯康星州的乐透大奖，每次的奖金都是25万美元。要知道，这个彩票的中奖概率接近百万分之一。

　　然而，运气并不仅仅与金钱挂钩。运气在我们的个人生活中也起到了至关重要的作用。

　　斯坦福心理学家阿尔弗莱德·班杜拉探讨过偶遇与运气对人们个人生活的影响。班杜拉指出了两者的重要性和普遍性，他曾写道："我们人生路上一些最重要的决定往往取决于最不起眼的小事。"他举了几个非常有说服力的例子，其中一个例子是他的亲身经历。读研期间，班杜拉厌倦了阅读作业，于是决定和朋友去当地的高尔夫球场打球。偶然一瞥，班杜拉和他朋友发现前面有两位妙龄女子也在打高尔夫球，于是很快就加入她们一起打球。后来，班杜拉向其中的一位女孩提出邀约，并最终抱得美人归。高尔夫球场的一次邂逅彻底改变了他的一生。

　　班杜拉还举了另外一个例子，一次乌龙事件促成了前总统罗纳德·里根遇到了未来妻子南希。1949年秋天，南希·戴维斯在翻阅一份好莱坞报纸时注意到她的名字出现在共和党支持者的名单上。南希很清楚自己的名字不该出现在这份名单里，报社应该是把她和另一位同名的女演员搞混了。由于担心这份名单可能对自己的演艺生涯造成负面影响，南希就请公司负责人与当时任影视演艺协会主席的罗纳德·里根进行交涉。里根在了解了来龙去脉后表达了理解之情，并保证如果南希因此事遭受刁难，协会一定会挺身而出，为南希辩护。南希希望能与里根见面，进一步讨论这件事情。两人一见钟情，很快就步入婚姻的殿堂。一次幸运的偶遇彻底改变了两人的生活。

许多研究者都探讨了好运与厄运对人们职业选择和事业发展的影响。他们也都指出这些因素绝对不容小觑。许多受访者都表示，自己因为偶遇或好运，彻底改变了职业发展方向或得到升职。事实上，好运与厄运对人们职业生涯的重大影响使得美国一位顶尖的就业顾问这样说道：

"我们每个人都可以列举出不少事例来印证意外大事件会对职业发展产生重大影响。意外小事件产生关键影响的例子更是数不胜数。有重大影响力的意外事件绝非稀罕之物，它们每天都在发生。意外之喜，并非偶然。它，无处不在。"

毫无疑问，这些因素也影响着我的职业生涯。我8岁时，老师要求我们写一篇文章介绍国际象棋的历史。作为一名勤奋的好学生，我打算去当地图书馆查阅相关话题的书籍。图书管理员指错了书架，使得我非常意外地看到了几本有关魔术的书籍。我感到很好奇，于是开始阅读，了解魔术师们创造奇迹背后的各种奥秘。这次意外使我走进魔术世界，并影响我的一生。我不知道如果当时我被指引到正确的书架并翻看有关国际象棋的书籍，我的人生会变成什么样。或许我就不会对魔术感兴趣，不会成为一名心理学家，也就没有机会开展这本书里的各项研究。

对成就非凡的商人而言，运气在他们的事业发展上也起到了举足轻重的作用。

经过毕生奋斗，约瑟夫·普利策已是一名非常成功的商业大
鳄和慈善家。他拥有全美最大的报纸机构，帮助筹资打造自由女神
像的底座，并斥资设立了举世闻名的"普利策奖"。然而要不是一
次偶然的好运，这一切恐怕都不会发生。普利策出生于匈牙利。少
年时期，他体弱多病且视力不佳。17 岁那年，他身无分文地移民到
美国，发现很难找到一份工作。普利策只能成天泡在当地图书馆里，
靠下棋来消磨时间。有一天，他碰巧遇到了一位当地报社的编辑。
这次偶遇使得普利策得到了一份初级记者的工作。4 年后，当他得
知自己可以购买报社股权时，他立即抓住了这个机会。这个决定太
明智了——报纸随后办得非常成功，普利策因此也大赚一笔。此后
的人生中，普利策不断地做出英明的决策。他逐步成为主编，并最
终收购了当时最著名的两家报社。在普利策的职业生涯晚期，这个
当年穷困潦倒的移民汉已成为全美最有影响力的人物之一。要不是
那次在当地图书馆下棋的偶遇，普利策的整个职业生涯也许会完全
不同。

许多其他领域的商人也会很大程度上将自身的成功归功于偶遇
与运气。以巴内特·赫尔茨伯格为例。1994 年，赫尔茨伯格就已
在美国成功地建立起珠宝连锁商店，年收入大约 3 亿美元。某天，
他路过纽约广场酒店时，无意中听到一位女士称呼旁边的男士为"巴
菲特先生"。他心想，那位男士莫非就是大名鼎鼎的沃伦·巴菲
特——美国最成功的投资者之一？赫尔茨伯格从未见过巴菲特，但
听说过巴菲特在收购企业时的财务评判标准。当时，赫尔茨伯格已

年过花甲，正考虑出售自己的公司。他意识到，自己的公司或许正对巴菲特的胃口。于是他把握住这个机会，走向了眼前的陌生人并做了自我介绍。那个陌生人真的就是赫赫有名的沃伦·巴菲特。事实证明，这的确是一次幸运的邂逅。因为就在一年后，巴菲特同意收购赫尔茨伯格的所有连锁商店。这一切都是因为，当一位女士在纽约街头喊出巴菲特名字的那一刻，赫尔茨伯格恰巧路过、听到，并把握住了机会。

而巴菲特又是如何跻身全美富豪之林的呢？在《财富》杂志的一期访谈中，巴菲特坦承，运气在他早期事业上起到了重要的作用。20岁时，巴菲特得知自己被哈佛大学商学院拒之门外后，立刻赶到图书馆，希望能申请到其他商学院。一查才知道，他所敬仰的两位商学院教授都在哥伦比亚大学执教。巴菲特赶在截止日期前向哥伦比亚大学提出入学申请，并最终被录取。其中一位教授后来还成为巴菲特的导师，帮助他开启辉煌的商业帝国。正如巴菲特之后评论说："或许我有生以来最幸运的一件事就是被哈佛拒之门外。"

运气对事业发展的重要作用并不局限于商业领域。

1954年，雪莉·麦克雷恩还是一个名不见经传的女演员，在一部新音乐剧合唱部分获得了一个小角色。此外，她被要求担任该剧主角卡罗尔·哈尼的替身演员。但她连一次上台排练的机会都没有，因为哈尼出了名地不喜欢用替身，无论生病还是受伤。音乐剧开始巡演后，观众对哈尼好评如潮。麦克雷恩正打算放弃这个通告转而参加另一部音乐剧。然而，某天夜里，当她来到剧院后，被告知哈尼伤到了脚踝，无法再坚持演出。麦克雷恩就这样被赶鸭子上架，接替演出任务。尽管缺乏彩排，但她出色地完成了演出，并得到了观众们的一片赞誉。第二天晚上，好莱坞著名制作人哈尔·沃利斯在观众席观看完演出后，向麦克雷恩抛出了一纸7年的合约。不久，阿尔弗莱德·希区柯克团队注意到了麦克雷恩，希望她能出演希区柯克下一部电影中的角色。

麦克雷恩绝非特例，许多名人都是凭借运气助推演艺事业的起步。1979年，好莱坞制片人乔治·米勒正为影片《疯狂的麦克斯》寻觅主角。他想要找一个穷困潦倒、伤痕累累的粗犷硬汉。就在试镜会的前一晚，当时还默默无闻的澳大利亚特型演员梅尔·吉布森在街道上遭到3名醉汉的袭击。第二天，吉布森满身是伤、疲惫不堪地出现在试镜会现场，米勒当即拍板决定由吉布森担任主演。英国超模凯特·摩斯也非常幸运。20世纪90年代初，她正与父亲度假。他们在肯尼迪机场排队检票时，一位资深的星探恰巧路过并注意到了容貌出色的摩斯。摩斯很快成为全球最成功、最受欢迎的超模——这一切都是因为一次幸运的偶遇。

运气不仅仅决定了演员或模特生涯的成功与否——它甚至会影响科学家与政客的事业成就。

在科学领域最著名的例子当数亚历山大·弗莱明爵士意外发现青霉素。20世纪20年代，弗莱明正致力于研发更有效的抗生素。研究过程中，他需要用显微镜观察人工培育在培养皿中的细菌。弗莱明因为疏忽大意，使得其中一个培养皿没有完全密封，导致外界的霉菌进入了培养皿。巧合的是，掉落的霉菌含有一种能够杀死培养皿中细菌的物质。弗莱明注意到了霉菌的这个威力，在好奇心的驱使下，他想方设法要弄明白究竟是何种物质能杀死细菌。最终他发现了抗生素，并将它命名为"青霉素"。弗莱明的意外发现挽救了无数人的生命，该事件也被看作医学历史上最伟大的进步。

事实上，偶然事件和意外发现频繁地改变着科学的进程，在许多著名的发现和发明中起到了重要的作用，其中就包括避孕药、X射线、摄影、安全玻璃、人造甜味剂、尼龙搭扣、胰岛素和阿司匹林等。

运气在政治领域的重大作用在美国前总统哈里·杜鲁门的从政经历上得以淋漓尽致地展现。青年时期，杜鲁门厄运连连。高中毕业后，他打算去大学深造，但他父亲因为一次生意失败而倾家荡产。因此，风华正茂的杜鲁门不得不扎根于父亲的农场耕地劳作。一战过后不久，他在堪萨斯城开了一家服装店。可惜厄运又一次降临，不久他就碰上了经济大萧条，惨遭破产。直到快40岁的时候，他才迎来了第一份好运——一位好友鼓励他竞选县法官，结果他竟然出人意料地赢得了竞选。42岁时，他参与首席法官的竞选并再次成功。1944年，民主党舍弃了当时的副总统亨利·华莱士，提名杜鲁门成为富兰克林·罗斯福的竞选搭档。罗斯福上台短短82天后竟意外病逝，从而使得杜鲁门成为美国总统。在杜鲁门总统任期内，好运也一直相伴左右——他在1948年总统选举中击败托马斯·杜威，这也是美国政坛历史上反败为胜的精彩竞选之一。仅仅几年之后，杜鲁门从两名波多黎各民族主义者血腥的刺杀中侥幸逃脱，幸免于难。杜鲁门在回忆录中曾写道：

> "支持度和领袖魅力仅仅是众多赢得选举因素中的一部分。最为关键的因素则是运气。回顾我的选举经历，幸运一直与我相伴。"

简而言之，运气在我们生活的方方面面都起到了举足轻重的作用。运气能改变我们的生活和职业生涯。对许多人来说，这有点耸人听闻。绝大部分人都更愿意相信他们能掌控自己的未来。他们千方百计去追求或逃避某些结果。但在很大程度上，这种掌控感是一种错觉。即使我们心存善意，但运气往往能让我们无奈地感叹造化弄人。运气在顷刻间就拥有改变一切的力量，或雪上加霜，或起死回生。好运与厄运随时随地都可能降临，令你猝不及防。

运气练习 2：运气在你生活中的作用

打开运气日志，翻到新的一页，根据以下量表，选择 1~7 中间的一个数字来表明你认为运气对你生活产生影响的程度。

毫无影响　1 2 3 4 5 6 7　影响巨大

⟶

然后，请用一两句话简要回答下面的问题：

你是如何遇见另一半的？

你是如何认识你的死党的？

影响你职业选择的主要因素是什么？

请描述一件对你人生产生积极影响的大事。

接下来，想一想好运在这些事情中起到的作用。思考一下生活中微不足道的改变——你突然不打算参加一次派对或聚会，向左走而不是向右走，不翻看杂志的某一页，不回拨某个电话号码，等等——是否会影响这些事情，甚至是改变你的人生轨迹。

最后，让我们回到最初的问题，思考运气在你生活里的这些事情中起到了什么作用，并请再次作答。请选择 1～7 中间的一个数字来表明你现在认为运气对你生活产生影响的程度。

绝大多数人完成这个练习后，意识到运气在他一生中确实起到了重要的作用。第二次回答问题时选择了更大的数字。

100 多年来，心理学家们一直在研究智力、性格、基因、外貌和成长环境对人生的影响。毫无疑问，这些研究对人类的境况提出了许多真知灼见。然而，针对运气好坏的研究却凤毛麟角。我怀疑，心理学家们对此话题避而不谈，很可能是因为他们更喜欢去检验那些更易测量和控制的变量，这也在情理之中。智商测试和性格分类的操作性相对都更强。你该如何去量化运气和控制机遇呢？

就好比一个寓言故事里讲的一样。从前有个人，明明知道自己的财宝遗落在街道的这头，但愣是跑到街道的那头去寻找，仅仅是因为那儿的光线更加明亮。心理学家们选择不去研究运气的原因就在于研究其他领域显然更加简单、容易。

但我自始至终对探索心理学中非同寻常的领域情有独钟。这些领域往往是其他研究者所竭力避免的。结果，我经常能在这些被人忽视的地方找到真正的宝藏。

在本书的引言中，我已经介绍了自己是在一次演讲中听到观众分享运气在各自生活中所起到不同的作用后，开始对这个话题产生浓烈的兴趣的。演讲后不久，我就决定开展一些初步的研究。我首先进行了一项调研，来了解自认为幸运或倒霉的人数比例，以及人们的运气是否集中在生活某一个方面，还是说会波及生活的方方面面。我和我的学生们利用一周的时间，在不同的时间段到伦敦市中心随机采访了大量购物者，询问运气在他们生活中所起到的作用。调研分成两部分。首先，我们会询问他们认为自己是幸运还是倒霉——换言之，生活中一些看似偶然的事件在他们看来是顺心如意还是事与愿违。其次，我们会询问他们在生活中的 8 个不同方面感觉自己幸运或倒霉。8 个方面包括职场事业、人际关系、家庭生活、健康情况和经济状况等。

我们调研的对象形形色色，男女老少皆有。调研结果显示：50%的人认为自己一直都很幸运，而 14% 的人则表示自己总是很倒霉。

换言之，64%，也就是接近三分之二的受访者认为自己总是很幸运或很倒霉。有趣的是，许多认为自己在某个方面幸运的人往往认为自己在其他若干方面也很幸运。那些在经济方面很幸运的人认为自己在家庭生活方面也很幸运，而那些在事业发展方面倒霉的人觉得自己在人际关系方面也很倒霉。

在我的初步调研中，认为自己倒霉、幸运或既不幸运也不倒霉的人群百分比

　　这个简单的调研表明大多数人认为自己的好运和厄运都有着惊人的持续性。某些人似乎总能受到幸运女神的眷顾，而有些人仿佛总能让厄运如影随形。有趣的是，大部分受访者都坚信他们的好运

或厄运纯粹是因为偶然。幸运的人只是碰巧在生活中遇到各种称心如意的偶遇——例如和人生伴侣或商业伙伴的不期而遇。倒霉的人总是认为各种事故、厄运的降临也只是偶然因素在作祟。我对此深感怀疑。长久以来对魔术心理的研究让我深知事情往往和表面的样子大相径庭，真相有时比想象更离奇、更有趣。

运气不可能只是偶然事件。如果一切只是偶然，那么能一直与好运或厄运相伴的人数也实在是太多了。相反，某些人长期的称心如意或事与愿违背后也一定是有原因的。既然运气如此重要，那么试图理解背后的原因就显得非常有必要。这些人的成功或失败真的只是命中注定吗？难道他们都肩负着宇宙拯救计划中的特定使命？莫非他们能凭借某种超能力来创造好运或厄运？他们在信仰和行为上的差异是否能解释这所有的一切？更为重要的是，如果我们对这一切有更深的理解，是否就有可能去提升自己的好运气？

通过调研，我想到了许多有趣的问题。一切就绪，我将努力找到答案。

第二章

全民幸运大调查

　　我的调研结果显示，大部分人认为自己总是很幸运或总是很倒霉，而好运或厄运都会波及他们生活中许多领域。这些发现使我渴望能更深入地了解运气的本质。

　　我认为最佳的方式就是找到一群特别幸运和特别倒霉的人，开展一系列科学研究。这个方法被心理学家频繁运用。为了发现我们的记忆是如何工作的，研究者或许会观察那些特别擅长或不擅长记忆的人。手眼协调领域的重大发现也是通过研究顶尖的运动员和杂技表演者得出的。通过与优秀艺术家和盲人的合作研究，一些日常生活中神奇的视觉现象才得以破解。但我深知，想要找到特别幸运和特别倒霉并且愿意参与这项研究的人绝非易事。我甚至不清楚该从哪儿开始找起。

　　幸运的是，一些记者朋友听说了我在伦敦进行的研究后，纷纷与我联系，希望我能为不同的报纸、杂志提供有关研究进展的素材，便于他们发稿。我请求他们在稿件中提及我打算对这个话题开展一些额外的研究，并且希望有兴趣参与研究的幸运者或倒霉者能联系我。每发表一篇文章，实验室就会接到一些电话，于是我逐步聚集起一群特别幸运和倒霉的志愿者。在过去的 8 年时间里，通过电视、广播及网络，越来越多的人不断壮大这个志愿者队伍。最终几百名男女老少组成了这支非凡的队伍。最年轻的志愿者是一名年仅 18 岁的学生，年纪最大的是一位 84 岁的退休会计。志愿者们来自各行各业——商人、科研人员、工人、老师、家庭主妇、医生、计算机分析员、秘书、销售员和护士等。他们都很善良，同意我将他们的生活和思想置于显微镜之下仔细观察。我跟他们中的很多人都进行了长时间的交谈，还请一些人保持写日记的习惯。一些人受邀来到实验室参与实验，而另一些人则需要完成许多复杂的心理学调查问卷。整个研究收集了大量的信息。在这群能人志士的帮助下，我逐步揭开了运气的奥秘。

运气背后的奥秘

　　我的第一个目标是去发现幸运或倒霉的生活究竟是怎样的。我打算通过与志愿者访谈的形式来了解他们生活中的重大事件。而他们的故事强有力地证明了好运与厄运所蕴含的巨大能量。

朱迪今年 36 岁，是一位来自费城的诗人。她认为自己非常幸运，因为生活中的数次偶遇帮助她实现了许多梦想。几年前，朱迪打算听从内心的声音，尝试改变自己的人生。在很小的时候，朱迪就一直想要成为一名作家和诗人。她上网查找资料的时候，无意中看到一个机构即将举办一场夏季讲习班，旨在宣传和鼓励女性作家。朱迪立刻就爱上了讲习班的氛围，认为自己一定会享受在那里教书的经历。几天过后，朱迪偶遇了该机构的创始人，在闲聊的过程中提及自己居住在费城。创始人说机构正要在那里举办为期一天的研讨会，并询问朱迪是否有意愿组织一个研讨会，进行主题演讲。研讨会大获成功，于是朱迪受邀在另一个即将开办的讲习班中执教。

朱迪还意外发现，有一个网站经常会发布全美各大城市诗歌类的活动信息。她注意到里面还没有对费城的相关报道。于是她开始递交相关材料。结果，她开始通过电子邮件与组织者比尔先生保持定期的沟通。后来在纽约举办的一场诗歌朗诵会上，朱迪碰巧遇到了比尔。聊天过程中，比尔询问朱迪是否能到纽约共同举办一场诗歌庆典。朱迪欣然答应，唯一的顾虑是她在纽约没有落脚的地方。当她向比尔提及这点时，比尔立即给电子邮件名单上的每个联系人发了一封问询邮件。短短数天，朱迪就收到一封女士的邮件，表示愿意以非常低廉的价格在黄金地段出租一间房屋给她。朱迪就这样搬到了纽约，现在她的身份已是一名诗人和作家。

朱迪是这样阐述好运气对她生活的影响的：

我有着超乎寻常的好运气，它帮助我实现人生中许多弥足珍贵的梦想。我感觉自己拥有非凡的掌控力。所有我渴望发生的都能一一兑现。我曾想要寻求人生的新方向，它就立马如我所愿发生了。这感觉太妙不可言了。

34岁的苏珊却过着截然不同的生活。在很小的时候，苏珊就开始厄运缠身。孩童时代，苏珊曾经在采雏菊花的时候，倒霉地撞到了岩石上，磕破了头。走路时不小心踩到了天然气管道，她不得不向消防员呼救。甚至有次她好端端地走在人行道上，却被大楼里掉落的一块木板狠狠地砸到了头。然而苏珊的厄运并没有就此终止。成年后，她的感情生活也是各种不如意。她曾经被安排和一位男士初次见面，但对方在前往约会地点的时候遭遇了摩托车事故，摔断了两条腿。她下一个约会对象不小心撞到了一扇玻璃门，磕破了鼻子。就在婚礼前两天，她举办婚礼的教堂被人蓄意纵火，严重损毁。

苏珊还历经了一系列令人瞠目结舌的意外事故。这些事情通常绝非小打小闹。她有次摔断了胳膊，没过多久，又摔断了腿。在驾照考试时，她直接撞向了一堵墙。更不幸的是，由于那辆车从未上过保险，她不得不承担汽车的维修费。她在驾驶车辆上的厄运始终挥之不去。在运气最差的那段时间，她提到自己在一次短短 50 英里的旅途中竟然发生了 8 起交通事故。在一次访谈中，苏珊泪眼婆娑地表示："大家都不想和我乘同一辆车，如果我打算去某人家里做客，我一般都被再三叮嘱老实地坐在车里，千万别乱动。"

采访像苏珊这样倒霉的人往往让我感到情绪低落。他们显然都竭尽所能渴望拥有幸福且充实的生活，但似乎总是造化弄人。而每当我和幸运的人沟通时，情况就截然不同了。他们的好运似乎连绵不绝，并总能帮助他们过上幸福、成功的生活。

现年 42 岁的李是一名市场营销经理，他是我研究项目中最幸运的志愿者之一。在李的一生中，好运气纷至沓来，与他不期而遇。16 岁时，李在偏远社区的一家农场帮工，他从小就是在那里长大的。当时他正坐在拖拉机的后部，与拖拉机紧连的是一台大型全自动犁地机——它的主要功能是在播种前进行松土。一位朋友打算开拖拉机外出逛一圈。他没有意识到拖拉机的突然启动使得毫无准备的李在惯性的作用下俯身向前冲去，会使李摔倒在正在运作的犁地机上。在一次访谈时，李讲述了当时的情况：

我没有任何东西可抓。我左右两边是高速运转的拖拉机轮子。我意识到自己快要摔倒了。我记得当时自己迅速朝左右看了一眼，觉得自己不能往下跳，因为犁地机实在是太宽了。我确信机器上的铁耙会将我撕成碎片。正当我要坠落到田地里时，一阵猛烈的摇晃又把我向后拽了回来。原来是拖拉机和犁地机中间的不锈钢链条突然断裂了。农场主人对此也深感疑惑——他上周才刚刚买了这架新机器。我对自己说："上帝啊，李，你太幸运了。"并且幸运一直与我随行。

　　李的父亲是一位园艺师。年轻的时候，李经常随父亲外出打下手。有次父亲让李帮忙完成一项特别困难的工作。李虽然不情愿，但又觉得义不容辞。于是他就去了，然后在路途中遇到了梦中情人，两人迅速坠入爱河。李觉得他们是天造地设的一对。他的直觉惊人地准确——他们已经结婚25年了，婚姻美满幸福。

　　李在事业上也很幸运，他确信自己现在的成功很大程度上要归功于自己的好运气：

　　我从事市场营销已有20多年，我在一家主营教育玩具的连锁商店担任市场部经理。我赢得了许多荣誉，职位也不断晋升。由于我出色的表现，我获得了许多高级管理岗位的工作机会。运气在我所取得的成就中发挥着非常重要的作用。我似乎总能在恰当的时间出现在恰当的地点。我也不知道是什么原因，反正我每到一家公司，那家公司就刚好急需我所具备的专长。这样的情况屡见不鲜。

　　李的运气给自己和公司都带来了大量的财富。然而研究项目中的其他参与者就没那么幸运了。就以 54 岁的史蒂芬为例,他来自纽约,是一名图书出版商。史蒂芬一生在理财方面都厄运连连。有时他的厄运微不足道,有时却令他损失惨重。

有一次,史蒂芬本来能凭借每日一抽的刮刮卡赢得大额奖金,但是彩票印刷员的工作失误导致超过 3 万人共同赢得了同一笔奖金,因此每位彩民只分得了几美元。史蒂芬在一家非常著名的公司继承了一大笔股权。但好景不长,证券市场出人意料地遭遇了有史以来最严重的一次股灾,一夜之间,他所持有的股票变得一文不值。

史蒂芬曾经还将几间空闲的办公室出租给一名曾帮忙负责自己公司法务工作的律师。起初的几个月,一切都很顺利。但不久,史蒂芬就开始陆续收到要求偿还欠款的通知。他最终发现律师从未支付过账单,而是一直在以权谋私,非法挪用公司资金。史蒂芬为了让公司正常运转可谓耗尽心力,然而日复一日的压力最终拖垮了他的身体。尽管之前没有任何疾病史,但史蒂芬患上了严重的心脏病,最终不得不宣布破产。从那以后,他就再也没有工作过了。

史蒂芬对我说:"现在我一无所有了,没有事业也没有钱。我总是 100% 地全力付出。有时,我总觉得如果生活中有个贵人能给我一个更好的机会那该多好啊。我觉得自己值得拥有更好的一切,但或许这就是我的命吧,就和那张被印错的奖券一样。"

林恩的好运气

林恩的好运始于偶然翻阅到的一篇报纸文章。文章报道了一位女士是如何接连获得多项竞赛大奖的。于是，林恩也参加了一项填字竞赛，并最终赢得了 25 美元。几周过后，她又报名了另一项竞赛，并赢得了 3 辆运动自行车。此后不久，她参加了一个教学岗位的面试，在当地一家成人学习中心担任时尚设计课程教师。面试官的桌上有一罐咖啡，上面正巧印着一项比赛的报名表。林恩非常心动，于是询问面试官自己是否可以拿走这个咖啡标签纸。面试官惊讶地问她为什么。林恩与对方分享了自己赢得一些竞赛的经历。面试官邀请她来学校先教两堂晚课——一堂课关于时尚设计，另一堂则关于如何在竞赛中获胜。林恩接受了这份工作并开始参加更多的竞赛。她不断刷新自己的连胜场数，赢得了许多奖励，包括两辆轿车、前往希腊和意大利的旅行等。

有趣的是，这些竞赛的胜利使得林恩实现了自己毕生的理想——成为一名自由撰稿人。1992 年，她写了一本有关如何在竞赛中取胜的书。为了宣传这本书，当地的一家报社写了一篇新闻稿，介绍了她的写作内容。第二天，一家全国性的报社注意到了这篇文章并邀请林恩录制一档电视节目。最后，林恩受邀写了许多关于赢得竞赛的文章。1996 年，她接到了一家主流日报的电话。对方表示他们看了林恩写的文章，想邀请她成为报社的专栏作家。她的每日专栏《与林恩一起获胜》大获成功，一写就是好多年。

林恩实现了许多人生理想，与丈夫 40 多年来都相濡以沫，拥有幸福的家庭生活。如同参与我研究的许多人一样，林恩认为自己的成功在很大程度上要归功于好运气。

我采访了几百名幸运或倒霉的人，重温了他们的各种言论和日记，以便我去发现好运和厄运如何持久地影响人们的生活。研究表明，幸运的人与倒霉的人在生活中主要有四大区别。

1. 幸运的人总能不断地遇到各种机遇。他们会很偶然地遇到生命中的贵人，在报纸、杂志上发现有趣的机会。相反，倒霉的人很少有这类经历，甚至，他们会在生活中遇到一些小人，就像史蒂芬例子中的那位律师。

2. 幸运的人在说不清道不明的情况下总能做出正确的决定。他们似乎总能知道该在何时做出正确的商业决定，或者认定何人是不可信赖的。而倒霉的人做出的决定却容易使他们走入失败和绝望的深渊。

3. 幸运的人总能神奇地实现自己的各种梦想、抱负和目标。倒霉的人则恰恰相反——他们的梦想和抱负永远都是那么遥不可及。

4. 幸运的人拥有化厄运为好运的能力。而倒霉的人没有这种能力，他们的厄运只会带来无尽的沮丧和毁灭。

两种人群的差异是显而易见的。但情况为什么会如此？为什么一群人能事事顺心，而另一群人却事事糟心呢？

一些研究者猜测，这或许是因为幸运的人和倒霉的人会拥有一些精神力，从而在生活中创造出好运或厄运。他们这样猜想的原因显而易见。拿苏珊和林恩为例。幸运的人能凭借精神力来预测胜利，就像林恩能在不知不觉间赢得各类竞赛。或许苏珊也具备精神力，但她用一种自我毁灭的方式来使用这项能力，使得生活中的诸多事件都违背她的意愿。

这是一个有趣的观点，有待调查验证。但是想要证明幸运的人是否比倒霉的人具有更多的精神力，这并非易事。我需要安排一个实验，让许多非常幸运和非常倒霉的人来预测随机事件的结果。

运气与彩票的故事

在我开始研究后不久，我接到了一名电视制片人的电话，他正在筹备一档在黄金时间段播出的科学栏目，并想将它做成互动式的。他不仅仅希望观众是一名看客，更希望观众能真正参与其中。我和当时的助手马修 · 史密斯以及一名对运气研究也深感兴趣的心理学家彼得 · 哈里斯开会后，想到了一个十分简单的方法——可以让幸运和倒霉的观众来预测英国国家彩票的中奖号码。这个方法太完美了。我们将有超过百万的观众，我们能找到大量的特别幸运或倒霉的参与者。彩票中奖是完全随机的，人们的参与热情一定会非常高。

据估计，将近1300万观众会收看该节目。在节目最后，他们会播放一个短片，介绍这个运气实验项目。他们也联系了苏珊和林恩，录制了一个短片，简要介绍两人的生活。与此同时，节目组呼吁任何一个自认特别幸运或倒霉的且愿意在那周购买彩票的观众与他们取得联系。当时我们预计有几百人会电话联系我们，但短短几分钟之内，我们就接到了近 100 万个来电。

我们给前 1000 名打进电话的人寄去了一张简单的表格。参与英国国家彩票需要人们购买一张彩票，并在 1～49 之间选择 6 个不同的数字。购买一张彩票需要花费 1 英镑，人们购买彩票的数量没有限制。在表格里，我们请每个人完成一份简短的调查问卷（见下表），从而使我们能将他们归类为幸运者或是倒霉者，以及告诉我们他们打算在即将开奖的彩票里选择哪些号码。

运气练习 3：运气调查问卷

我和同事设计了一份简单的调查问卷，确切地将参与者分为 3 类：幸运、倒霉和中立（既不幸运也不倒霉）。下面是一个问卷模板，请花几分钟认真阅读，在你的日志上写下你的得分，并判断自己属于哪一类。

为了更好地完成问卷，请阅读以下各项描述，根据量表，选择 1～7 中间的一个数字来表明各项描述与你自身的符合情况：

完全不符　1 2 3 4 5 6 7　完全相符

⟶

　　幸运描述：那些在生活中遇到的突发事件总能顺他们心意的人，就是幸运的人。例如，他们抽奖或买彩票的中奖率似乎特别高，时常遇到生命里的贵人，或者好运在个人梦想和目标实现的过程中起到了重要作用。

　　这项描述与你的相符程度是多少？

　　倒霉描述：倒霉的人恰恰相反。那些突发事件往往违背他们的意愿。例如，他们似乎从未在竞赛中得奖，他们更容易卷入无妄之灾，情场失意，或者在事业发展上遭遇一系列厄运。

　　这项描述与你的相符程度是多少？

　　得分：

　　根据每个人的回答，人们将被分成3类：幸运、倒霉和中立。分类的标准很简单。将你在幸运描述的分数减去你在倒霉描述中的分数，所得即你的"运气得分"。比如，第一项描述你打了5分，第二项描述你打了1分，那么你的运气得分就是+4分。反之，如果你给第一项描述打了2分，第二项描述打了7分，那么你的运气得分就是-5分。又比如，你给第一项描述打了5分，第二项描述打了4分，那么你的最终运气得分就是+1分。

　　如果你的运气得分大于或等于+3分，那么你就属于幸运群体；如果你的得分小于或等于-3分，那么你就属于倒霉群体；运气得分在-3和+3区间内的则属于中立群体（既不幸运也不倒霉）。因此运气得分为 +4、- 5 和 +1 的人分别属于幸运、倒霉和中立群体。

彩票问卷回收的速度很快。开奖日期近在眼前，因此我们必须立即行动。我们总共收到了 700 多份回复，参与者们总共购买了 2000 多张彩票。统计完数据后，在开奖日的前一天突然意识到，我们还获得了许多额外的信息。

设想一下，如果运气和精神力之间的确存在联系，那么幸运者应该能比倒霉者选出更多的中奖号码。如果事实真的如此，那么由幸运的人选出的号码更有可能成为中奖号码。因此，想要发现中奖彩票的号码，你只用找出哪些号码是幸运的人一致选出的且倒霉的人所共同避免的即可。我们之前从未有过这个想法，但如果这个理论成立，那么实验收集到的数据可以让我们每个人都成为百万富翁。

我们就这件事情的道德与否展开了争论。几分钟之后，我们开始对数据进行分析。我们注意到一些同时被幸运的人选中但被倒霉的人回避的数字。虽然这些区别很细微，但是有可能导致天差地别的结果。我们认真分析了数据，并最终得出中奖的最佳数字——1、7、17、29、37 和 44。于是我购买了人生中第一张也是唯一一张彩票。

英国国家彩票的开奖时间是每周六晚上，在黄金时间段通过电视进行直播。如往常一样，49 个小球被放置在转盘中，从中将随机选出 6 个常规小球和 1 个特别的"奖"球。中奖号码为：2，13，19，21，45，32。我连 1 个中奖号码都没押中。

我们实验中的幸运和倒霉群体是否有更好的表现呢？在总共 700 名参与者中，只有 36 人赢了点钱。而且平均分布在幸运和倒霉的两个群体之中。仅仅只有两名参与者成功地选对了 4 个数字，每人赢得了 58 英镑。其中一人将自己归为幸运群体，另一人则将自己归为倒霉群体。幸运和倒霉群体的人平均购买了 3 张彩票，每张彩票押中了 1 个数字，平均损失 2.5 英镑。

共有几百名自认幸运或倒霉的人参与这项实验。彩票的中奖号码完全是随机且不可预测的。每个人都迫切地渴望中奖。如果幸运的人比倒霉的人拥有更多的精神力，那么他们理应选中更多的号码，从而赢得更多的奖金。然而结果却是，幸运群体的表现并没有好于倒霉群体，甚至他们的表现更为糟糕。几乎参与实验的每个人，包括我在内，都损失了一小笔钱。结果表明，运气和超自然的精神力无关。

运气练习 4：生活满意度问卷

这个练习将测试你对目前生活状况的满意程度。请翻开你的运气日志，在新的一页上逐行写下如下标题：

我的总体生活状况

我的家庭生活状况

我的个人生活状况

我的经济状况

我的健康状况

我的事业状况

现在，请在每个标题后面，写下 1~7 之间的数字，用来表示你对自己生活各个方面的满意程度。你可以参考如下的量表：

很不满意　1 2 3 4 5 6 7　非常满意

————————————→

得分：

以前，我们通过使用这类问卷发现人们对于生活的满意程度相对比较稳定，并且这与他们的幸福感以及生活质量密切相关。

把你的各项分数相加，随后使用如下量表来衡量一下你的生活满意度是低、中还是高。

得分在 6~26 之间的属于低满意度。

得分在 27~32 之间的属于中满意度。

得分在 33~42 之间的属于高满意度。

研究过程中，我们给 200 名分属于幸运、倒霉和中立群体的人进行了问卷调查。结果如下页图所示。幸运群体的人对生活各方面的满意度都远高于倒霉和中立群体的人。倒霉的人对生活的满意度在每个方面都是最低的。

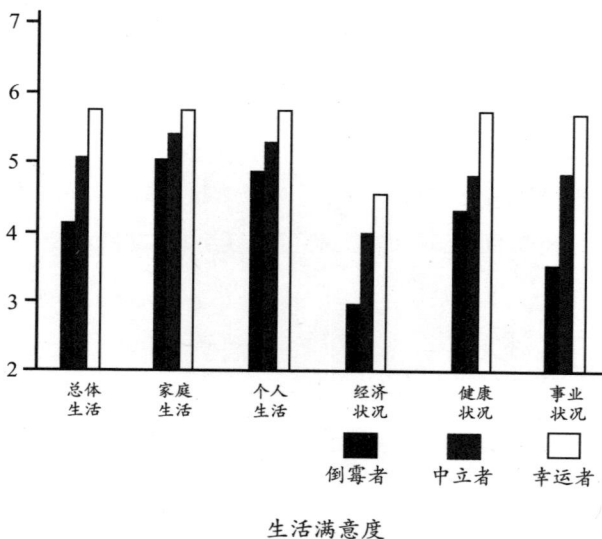

生活满意度

除了超自然的精神力之外，还有什么能解释幸运者与倒霉者之间的不同呢？我想知道幸运者和倒霉者是不是在智力方面有差异。或许朱迪和李只是比苏珊和史蒂芬更聪明，所以他们能过着更为成功的生活。为了一探究竟，我打算让参与者完成运气问卷并对他们进行不同的智商测试。这些测试在全球成千上万的心理学实验中加以使用，能预测人们在学校以及特定工作中的表现情况。这些测试能衡量参与者非言语和言语的推理能力。幸运和倒霉群体在两项智力测试中得分几乎一样。随后我将他们的得分与中立群体进行比较，分数同样没有太大的区别。实验的结果显而易见——幸运与否跟智力无关。

改变命运的四项基本法则

虽然我的研究已经表明运气与精神力和智力都无关，但是我开始思考人们的思想是否可能以其他的方式来影响他们的运气。幸运者和倒霉者对待生活的方式是相同的吗？如果不是，那么不同的态度、观点是否能解释他们生活中发生的那些积极或消极的事情？运气通常被认为是一种外部的力量：有时我们很幸运，有时却很倒霉。但要是我们能创造自己的运气呢？要是我们生活中所遇到的好运和厄运在很大程度上都是由幸运者和倒霉者自身原因造成的呢？

我们从彩票实验中就能找到这些问题的答案。发放的问卷里要求人们写下自己对赢得彩票的期望，每个人都被要求从 1~7 中选择一个数字来表明自己对于赢得彩票大奖的自信程度。数字 1 表示他们一点信心都没有，数字 7 表示他们非常有信心。我和同事回到实验室分析这些数据，我们发现了一个令人惊讶的现象。正如下页图中显示的，幸运群体的中奖预期是倒霉群体的两倍还多。

当涉及一些如彩票中奖般的随机事件，这类期望所造成的影响微乎其微，期望度高的群体与期望度低的群体表现是一样的。但，

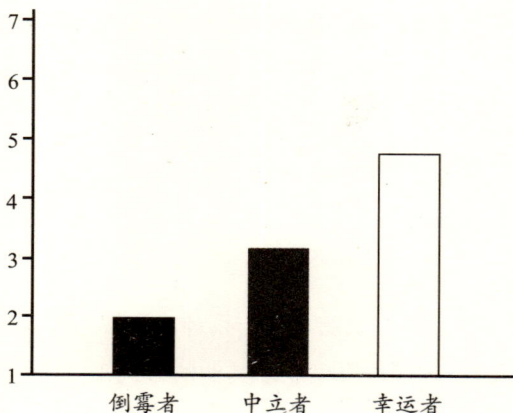

倒霉者、中立者和幸运者对中奖的期望值

生活不像彩票。我们的期望通常会起到关键的作用。它关系到我们是否愿意去尝试新鲜事物，关系到我们面对困境时是否有毅力去坚持，关系到我们如何与他人相处，以及他人如何与我们相处。验证这些想法是非常有必要的。因此在随后的几年中，我将研究的重心放在了解幸运和倒霉群体不同的思维方式及行为举止上。

最终，我发现了导致幸运生活和倒霉生活差异背后的四大心理学原理。这就是幸运的四项基本法则。每项基本法则都由若干项子法则构成，总共有 12 项子法则。你一旦充分理解这四项基本法则和12 项子法则，那么你将彻底理解运气的实质。

随后的 4 章将详细地探讨这些基本法则和子法则。每个章节都将介绍我在发现这些法则的过程中所采取的各种不同的实验以及它们对幸运者和倒霉者生活的影响。我加入了大量的真实案例，这些都来自研究过程中乐意分享的志愿者。我还给每位读者提供了大量的机会去评估这些法则在你们生活中所起到的作用。在每章最后，我会给出许多练习来帮助你在生活中提升自己的运气。

一切准备就绪。让我们逐步揭开幸运生活的奥秘。

幸运的
四项基本法则

幸运有很多种方法，比如保持从容的态度、积极
拓展人脉圈、勇于尝试新体验等。让自己变得幸运需
要大智慧，只有激发更多吸引美好事物的法则，才能
将各种好的情境、人和事件带进你的生命当中。

第三章

基本法则之一：最大化你的每次机遇

法则：幸运的人能够创造、发现并把握生活中的机遇

　　幸运者的生活充满了各种机遇。在上一章中，我描述了职业诗人朱迪的人生，幸运的偶遇帮助她实现人生中的许多梦想和抱负。我们也结识了市场营销经理李。他具备神奇的能力，总能在恰当的时间出现在恰当的地点。他偶然结识了自己未来的妻子，并且认为职业发展上的许多成就都归功于幸运的偶遇。我们还认识了一系列竞赛得主林恩。她在翻阅报纸时偶然看到一篇报道，得知某位女士在竞赛中屡次获奖。这次偶遇彻底改变了林恩的一生。林恩、李和朱迪都是我研究中幸运者的典型代表。如果你不去尝试，那么你就只能和机遇擦肩而过。

幸运的人通常认为这些机遇纯粹是偶然。他们仅仅是碰巧翻开了正确的报纸页面，打开了正确的网页界面，在正确的时间出现在街道上，或是在派对上遇见正确的人。然而我的研究表明，这些看似偶然的机遇背后却深藏着幸运者内心的思维模式。他们的思维方式和言行举止使得他们比其他人更善于创造、发现并把握生活中的各种机遇。我发现了幸运之人常使用的一些方法，他们用这些方法来把握生活中遇到的各种机遇，最大限度地发挥它们的作用。而这些，迄今为止都未曾被他人所探索和发现。我发现，所谓在正确的时间出现在正确的地点，实际上就是让你的思维意识处于正确的状态。

温蒂是一名 40 岁的家庭主妇。她认为自己在生活的许多方面都很幸运，尤其是在赢取竞赛方面。她平均每周可以赢得 3 个奖项。有一些是小奖项，但许多奖励都很可观。在过去 5 年间，她赢得了数笔大额奖金以及许多海外度假的机会。毫无疑问，温蒂似乎具备神奇的能力，可以赢得各类竞赛。而她绝非个例。在之前的章节，我也描述了林恩在许多竞赛中赢得了大奖，其中就包括轿车和度假旅行的机会。乔也是如此。和温蒂与林恩一样，乔也认为自己在生活的许多领域运气非常好。他结婚 40 多年来一直很幸福，拥有一个温馨有爱的家庭。乔在竞赛方面也特别幸运。他至今的战利品清单上包含数台电视机、在一部著名的肥皂剧拍摄现场做客一天以及许多度假的机会。

林恩、温蒂和乔赢得竞赛背后的秘诀是什么？秘诀出人意料地简单，那就是他们全都报名参加了大量的竞赛。每周，温蒂大约要参加 60 场报纸上的竞赛，70 场左右的网络竞赛。林恩和乔每周也同样会报名参加大约 50 场竞赛。他们获胜的概率随着每一次参赛而不断增加。他们 3 个都清醒地意识到，自己幸运地赢得胜利的方法实际上就是尽可能多地参加各种竞赛。正如温蒂解释的这样："我是个幸运儿，但运气是你自己创造的。我赢得了许多竞赛和奖项，但同时我也为此付出了大量的努力。"乔评论：

人们总是对我说，觉得我运气特别好，因为我在很多竞赛中取胜。然而他们接着又会说，自己不太参加这些比赛。于是我就会想，好吧，如果你不参加比赛，你怎么可能有取胜的机会。在他们看来，我非常幸运，但是我认为，每个人的运气都是自己创造的。正像我对他们说的："你必须先参加，然后才可能会赢。"

我迫切地想要知道，幸运者在生活中能遇到其他类型的机遇是否也是这个原因。这是否能解释他们为什么总能在各种派对上遇到有趣之人，看到能改变他们生活轨迹的新闻报道？我继续自己的研究，最终发现了表象背后的真相。我的研究表明，一切都源于我们的性格。

思维方式、行为举止相近的人通常被认为具有相同的性格特点。性格这个概念是现代心理学的核心，研究者们投入了大量的时间和精力，致力于发现最好的方式去精准地将人们的性格加以分类。虽然这并非易事，但目前已经取得了令人瞩目的成果。

通过数年的研究，心理学家们达成一致，认为我们的性格可以分为 5 个维度。在这 5 个维度里，我们各有差异。无论男女老少、哪个种族，我们每个人的性格中都有 5 个维度。这 5 个维度通常被称为：随和性、尽责性、外向性、神经质、开放性。

我分析比较了幸运的人和倒霉的人在这 5 个维度上的特质。我分析的第一个维度是"随和性"。它被用来衡量人们对他人的同理心以及愿意提供帮助的程度。我想知道幸运者好运连连是否是因为他们更乐于助人，从而更容易受到他人的相助。有趣的是，幸运者在随和性上的得分并不比倒霉者高。

我分析的第二个维度是"尽责性"。它被用来衡量人们的自律性、意志力和决心。或许幸运者能有如此多的好运气，仅仅是因为他们比倒霉者更加勤奋、刻苦。但幸运者和倒霉者在尽责性上的得分也相差无几。

然而，这两个群体在剩余的 3 个性格维度——外向性、神经质和开放性上的得分差异非常大。这些差异解释了为什么幸运的人总能持续地在生活中碰到机遇，而倒霉的人却不行。每一项性格特质都对应了不同的子法则。

子法则一：建立一张强大的"运气网"

　　我的研究表明，幸运者在"外向性"这个维度的得分高于倒霉者。外向的人比内向的人更爱社交。他们享受朋友的陪伴，愿意参加各种聚会，并且更喜欢与人打交道的工作。内向的人喜欢自省。他们喜欢独处，更喜欢参与个体活动，比如阅读一本好书。

　　进一步的研究也表明，幸运者性格中的外向性从 3 个方面显著地提升他们碰到幸运偶遇的可能性——遇见大量形形色色的人、成为"社交磁铁"以及与他人保持联络。

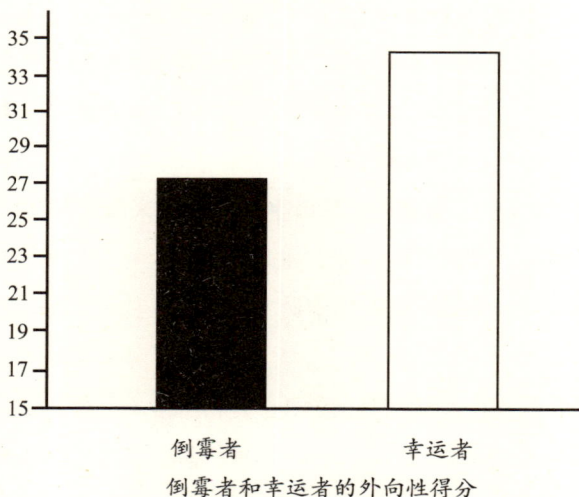

倒霉者和幸运者的外向性得分

　　首先，林恩、乔和温蒂都是通过相同的方式，即报名参加大量的竞赛来增加他们获胜的机会。因此，幸运的人通过日常生活中与大量形形色色的人见面这种方式极大地提升了碰到一次幸运偶遇的可能性。这个理念很简单。他们遇到的人越多，遇到生命中贵人的概率就越大。

就以现年 45 岁的罗伯特为例。他是一名来自英格兰的飞行安全理事。罗伯特运气非常好，他的生活中充满了各种偶遇。几年前，罗伯特和妻子到法国去庆祝新年。他们本打算待几天后就回国，但是严重的降雪使得所有航班都被取消。由于大雪几天内都难以清扫完毕，罗伯特和妻子决定乘船返回英格兰，于是两人来到法国布洛涅港口准备登船。但他们面临一个问题，轮船到达英国的港口离他们的家还有一段距离，而严重的降雪使得公共交通都瘫痪了。因此他们无法从港口顺利回家。正当他们两人讨论该如何是好时，休息室的门突然被打开了。一对同样来自英国的夫妇走了进来，他们也打算乘船离开。罗伯特开始和他们攀谈，并惊喜地发现他们住的地方离自己很近。这对夫妇提出可以顺路载罗伯特和他妻子回家。

还有一次，罗伯特和妻子想要搬家。他们看了好多房子，但一直没有碰到称心如意的。有一天，罗伯特走在街上碰巧看到从他公司跳槽的房地产经理人。罗伯特本可以若无其事地继续赶路，但是他决定追上去询问该经理人是否有合适的房源。经理人抱歉地表示自己目前没有，于是准备转身离开。片刻后，他又掉过头来，建议罗伯特关注一处刚上市的房子。罗伯特立即开车前往，并"一见钟情"，当天就买下了房子。迄今为止，罗伯特和妻子已经住了 20 多年，并认为这就是他们梦想中的房子。

我在采访罗伯特时，他表示自己很外向和健谈。他告诉我，如果他在超市需要排队结账，他经常会和身旁的人搭讪。他常常不由自主地就开始和陌生人搭话。罗伯特发自内心地喜欢结交不同的朋友，并花时间与他们相处。他遇到的人越多，遇到生命中贵人的可能性就越大。

约瑟夫是一名35岁的学生。他在生活中也有许多改变他人生轨迹的机遇。年少时期，他发现自己很难静下心在学校里好好读书，一直陷入各种麻烦，不得不和警方打交道。快30岁的时候，他已经因为各种轻罪而经历了一些牢狱之灾，一直没有固定工作。后来，一次偶遇彻底改变了他的人生。当时他正乘坐弗吉尼亚州境内的一辆火车，火车不巧在两站之间滞留，停靠了很久。约瑟夫感到很无聊，于是就和坐在身旁的女士搭讪。该女士是一名心理学家，于是两人就谈到了约瑟夫的生活。约瑟夫也向她坦诚自己有一些自我毁灭的倾向。约瑟夫的洞察力和社交能力都给这位女士留下了深刻的印象。于是女士告诉约瑟夫，他会是一名出色的心理学家。火车到站后，两人就此分别，但是那位女士的话语始终萦绕在约瑟夫的脑海中。他研究了想要成为一名心理学家所需接受的培训和要拿到的资质证书，最终他下定决心，彻底改变他的生活方式并考上了大学。他目前正在一所南方的大学研读心理学，明年即将毕业。约瑟夫告诉我："我意识到如果你主动和他人聊天，你将受益匪浅——对我来说，它极大地提升了我的运气。"

　　许多幸运者也表示，自己通过简单与相识之人每日保持联系来持续不断地收获各种好运。萨曼塔就是一个极佳的例子。几年前，萨曼塔还是一家律师事务所的年轻秘书，她暗自希望能开拓自己的眼界，在电影业谋得一官半职。唯一的问题就是她没有任何的人脉资源得以帮助自己。在一个阴雨绵绵的午后，她看完病走出诊所，在地处纽约西部的中央公园准备打车回办公室。出租车抵达的时候，一位年长的男士向她走来，询问她是否能和她一起拼车。萨曼塔天生外向，于是欣然答应。当出租车开过中央公园时，她和那位男士聊了起来，并惊喜地发现他是一家电影公司的主管。萨曼塔告诉对方，自己非常向往电影业，哪怕是从最底层做起，她也会非常高兴。男士安排萨曼塔与自己公司的人事主管碰面。很快，她得到了一个职位，担任一位律师的秘书，没过多久她就调任到影片采购部门。5年之后，萨曼塔已经成为洛杉矶一家电影公司出色的主管。她意识到自己在恰当的时间出现在恰当的地点，并成功地把握住了机会。

　　幸运的人用来提升生活中偶遇概率的另一个方法与"社交磁铁"理念有关。心理学家注意到，特定人群似乎总能吸引其他人不断向自己靠拢。这些"社交磁铁"经常发现，每当他们前往聚会或出席会议，陌生人总是愿意找他们搭讪。他们走在大街上，人们也总是经常向他们问路或问时间。因为某个神秘的原因，其他人更容易被他们吸引。"社交磁铁"人群中外向的人更多，这点或许不足为奇。

　　研究表明，这些人之所以具有吸引力，是因为他们在潜意识中展现的肢体语言和面部表情让他人觉得深受吸引。有趣的是，幸运者展现出的行为举止极为相同。我邀请一些心理学家来观看我与幸运者和倒霉者的访谈录像。我把录像调成静音模式，这样心理学家就无从得知受访者幸运与否。我让每个人都评估一下每位受访者在访谈中的神情和行为。他们记录了每个人微笑的次数，计算了眼神交流的次数以及备注了受访者是否有使用特定的手势。

幸运者和倒霉者在这几方面的差异是极为显著的。幸运者微笑的次数是倒霉者的两倍，眼神交流的次数也遥遥领先。但最大的差异或许在于两个群体所展现的肢体语言"开放"和"封闭"的程度。"封闭"的肢体语言指人们交叉双臂或双腿，与交谈对象保持一定距离。而"开放"的肢体语言则截然相反。他们往往面向交谈对象，不会交叉双臂或双腿，常常张开双手做一些手势。幸运者"开放"的肢体语言次数是倒霉者的 3 倍。

幸运者的肢体语言和面部表情吸引他人亲近。同样，他们遇到的人越多，获得幸运偶遇的可能性也越大。他们在聚会上交谈的人越多，遇见理想伴侣的机会也就越大。他们与越多的人交谈生意，在事业上遇到新客户或贵人的机会就越大。

然而这还仅仅是一部分的因素。除了他们总是与许多人发起聊天和成为一名"社交磁铁"之外，幸运的外向者还有第三个行为方式帮助提升他们在生活中获得各种机遇的可能性。而这第三个行为方式或许在他们的成就中起到了最重要的作用。

幸运者非常善于与相遇之人建立稳定、持久的关系。他们很容易相处，受到大多数人的喜欢。他们显得值得信赖，能够与他人建立亲密的友谊。最终，相比那些倒霉者，幸运者通常能与更多的朋友和同事保持联系。于是他们的朋友圈一次又一次地帮助他们在生活中发现机遇。

　　我们就以 50 岁的凯西为例。她是一名来自纽约锡拉丘兹的行政管理员。凯西认为自己在生活的方方面面都非常幸运。她与丈夫结婚 23 年来，婚姻幸福，且拥有两个健康的孩子。她总说自己能在恰当的时间出现在恰当的地点。几年前，在怀孕生产后，她考虑重返职场。她不确定自己是否还有市场竞争力。于是她联系了生意场上的一位老友，约定一起见面交流一下。对方给了她一些重返职场的建议。朋友在谈到最新的一次升职时，提到自己正准备招一名个人助理。当凯西表示自己想尝试这个职位时，对方建议她可以向公司申请。最终凯西得到了这份工作。6 年后，她仍在这家公司打拼，并且非常热爱这项工作。凯西告诉我，她将自己的运气很大程度上归功于她对待他人的态度上：

　　我是不同人群的收藏家。我喜欢和人打交道，擅长结交朋友，并且努力和每一个人保持联系。你无法和每一个人都保持联系，但是我会尽力而为。

　　凯西建立起的这些令人印象深刻的朋友圈和同事圈最早可以追溯到小学和高中时期。为了庆祝生日，她组织了一场晚宴，邀请了

50 位亲密的朋友。在人生的每个阶段，她都会结交来自五湖四海的朋友，并一直保持联系——这些人中有的是在分娩课上认识的，有的是初为人母时结识的。

凯西并不是个例。许多幸运的人都认为，与朋友和同事保持良好的联系非常重要。在上一章，我们结识了定居纽约的职业诗人朱迪。过去的两年里，她非常幸运，几次偶遇都帮助她实现了人生中的许多梦想和目标。朱迪增加生活中幸运偶遇的方式正是通过参与更多交谈，结识更多的人并且保持联系。同时，她与自己的作家社团和诗人社团的关系也很紧密和谐。她能叫出几百名成员的名字。我询问她对于这一点的看法，她是这么回答我的：

当我和他人互动沟通时，我是真心诚意的。我非常在乎这些人际关系。我并不想当一个独居封闭的作家。我们的社团就是一个大家庭。所以当我意识到我们的社团无私地支持我，让我感到家一般的温暖后，我就乐此不疲地守护这些社团，并尽力找到保持彼此联系的方法。

这些方法通常都非常有效，因为它们能帮助我们建立和维系一个巨大的"运气网"。社会学家们预计，我们每个人平均能说出将近 300 个人的名字。当我们遇到一个人并开始聊天，我们离他的社交圈仅仅是一步或一次握手的距离。假设你在一个聚会上和一位名叫苏的女士搭讪。你之前和她素未谋面，但她看起来非常亲切。当你提到自己有换工作的想法时，苏不太可能直接提供一个职位，雇用你。但她的朋友圈中或许有这样的人。通过和苏的交谈，你离苏所知道的 300 人社交圈只有一步之遥。但事情并未终结。苏的每个朋友也有近 300 人的社交圈。苏或许会把你介绍给一位有可能雇用你的人。你离结识 300×300 人即 90,000 人仅仅两步之遥。你只要对苏说声你好，理论上你就能获得 90,000 个机会，从中收获一次机遇也并非什么难事。

让我们穿越回到凯西 50 岁的生日派对上，她结识了她生命中的 50 位宾客。假设每个人平均认识 300 个人，而这 300 人中每个人同样结识另外 300 个人，那么只要简单地坐在饭桌前，凯西离认识 15,000 人仅仅是一次握手的距离，离结识 4,500,000 人只有两次握手的距离。考虑到所有可能的接触，那么凯西的生活中充满着各种至关重要的机遇也就不足为奇了。

幸运的人在不知不觉中的行为举止最大限度地增加了他们生活中机遇的出现机会。他们和许多人攀谈，花时间与他人相处，吸引他人的接近以及保持良好的联系。这使得他们拥有巨大的"运气网"和无数潜在的机遇。而其中的一次偶遇就足以改变他们的命运。

建立"运气网"

杰西卡来自芝加哥，是一位人类考古学家。她的一生都受到幸运女神的眷顾：

我有着理想的工作、相爱的丈夫以及两个出色的孩子。这太美妙了，当我回顾过往的岁月时，我突然意识到，我几乎在生活的各个方面都非常幸运。无论是学术还是友情，我总能在恰当的时间出现在恰当的地点，结识生命中的贵人，把握各种机遇。我想不到自己在哪个方面是不幸运的。

杰西卡在爱情上尤为幸运。她轻而易举地就找到了另一半并维系长久的关系。她目前已经和自己理想中的"完美"伴侣在一起 7 年了。在一次采访中，我让她描述一下自己是如何认识现任伴侣的。

我跟他是在一次晚宴上偶然相识的。有天晚上，我的一个朋友出人意料地打电话给我，问我是否愿意陪她一同前往一个晚宴。那天晚上我本不打算出门，但觉着这个主意听起来不错，于是就一同出席了晚宴并结识了我的另一半。巧的是，他也是被自己的一个朋友硬拖来的。

我向杰西卡询问她好运背后的秘诀：

很大一部分缘于我当时出现在那个恰当的地方。如果你很积极活跃，那么你就能结识很多人，从而了解不同的领域。我喜欢和陌生人交谈，我觉得正是我性格中的这个因素使得我拥有如此多的朋友和爱人。我会试着去发现有趣的人而不是让自己陷入无聊。如果我参加一项活动或者一个聚会，我会尝试并确保自己能找到聊得来的伙伴。朋友们总是对我说，人们很容易被我吸引。他们对我感兴趣的原因在于我对他们也很感兴趣。我不仅仅是和他们说话，同时也在认真倾听。我们是在分享信息。同时我也努力与他人保持联系。

　　我也举办了许多派对。人们总会评价说："噢，这个派对太棒了，你组织了一次完美的派对。"我会邀请许多不同的人——总是在派对上遇到相同的人就太没有新鲜感了——派对也是互相介绍、结交朋友的好机会。我每隔几个月就会举办一次。而这真的提升了我的运气。我得到了职业发展上的帮助，收获了有关理财方面的许多建议，这类帮助数不胜数——秘诀就在于分享彼此的知识和经验。

　　这是一个有关可能性的游戏。如果你一周遇到 20 个人，那么你很可能会遇到一个有趣的灵魂。因此想要增加你美好偶遇和幸运事件的发生次数，你只需先走进人群，出现在那里。我相信，如果你没有给自己这样的机会，那么幸运与你相遇的难度要大得多。

子法则二：放松的生活态度

　　幸运者在潜意识中还会充分利用另一套方法。这套方法和创造机遇无关，但提升了幸运者的注意力以及把握日常生活中机遇的能力。一个简单的纸牌戏法能说明这套方法背后的基本理念。假设我邀请了一些客人共进晚餐。我在桌上放置了 5 张纸牌。我请一位客人从中选出一张，并记在心里。

　　随后，我会请这位客人出去几分钟。接着我会拿起这些纸牌，仔细地观察并选出我认为该客人选择的那张纸牌。我会把它塞进口袋，并将剩余 4 张纸牌重新放回桌面。随后我会让那位客人回到房间，观察一下纸牌，并告诉我他先前选定的纸牌是否消失不见了。这类表演我已多次上演，几乎从不失手。

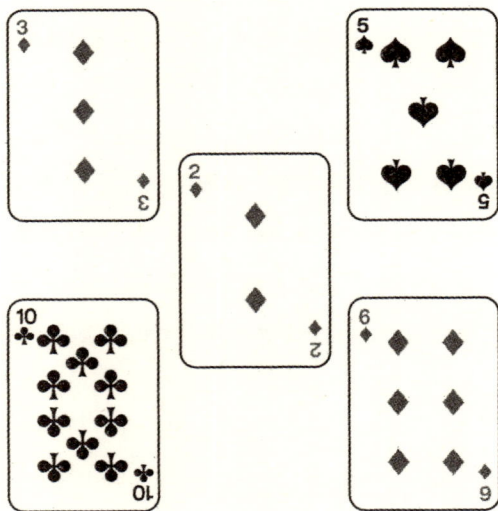

　　我觉得现在给大家情景再现一下一定会很有意思。在书上进行一个纸牌魔术并不容易，但让我们一起尝试一下吧。我在上面重现了当时的 5 张纸牌。瞧一眼，并从中挑选出一张纸牌，暗自记在心里。

选好了？非常好。现在，请想象你已经离开了房间，而我也将预测的纸牌塞入了口袋。现在我邀请你回到房间，并在桌上向你展示4张纸牌。我预言你选择的纸牌已经消失不见了。附录A（第237页）显示了这4张纸牌。请翻过去看看自己的纸牌是否不见了。

我的预言准确吗？你的纸牌还在吗？我必须跟你坦白。你或许已经发现了其中的奥秘。这一切和我高超的魔术技巧毫无关系。它只不过是利用了心理学的知识。

这个魔术的成功只是因为一个非常简单的心理学原理——我们往往只关注对自己而言重要的事情。如果你还没有发现这个魔术背后的秘诀，那么请再仔细观察一下先前页面上的纸牌。这一次你不用选出一张纸牌，而是用笔记下每张纸牌的花色和数字。现在请翻到附录A，核对那页上的纸牌。你将会发现，所有的纸牌都与先前的不同。

无论你在先前的页面选择了哪张纸牌，它都不可能出现在附录里。我之前让你用心记下一张纸牌。在这个纸牌魔术中，这张纸牌就变得至关重要，而其余4张就显得无足轻重。当之后翻看附录页上的纸牌时，大多数人只注意到他们选择的纸牌消失不见了，而不会留意其他的纸牌也同样不在了。这个魔术清楚地反映了我们总是关注那些对我们重要的事情，从而忽视我们周遭的其他方面。

这个心理学原理非常简单，但它对机遇和运气的产生非常重要。我们常常意识不到身边的机遇，因为我们的注意力都过多地放在了寻找其他的事物上。

我做了一个非常简单的实验来研究这个现象。我给人们看了一份报纸，要求他们浏览后告诉我里面共含有多少张照片。每个人都觉得这个任务非常简单，大部分人大约花了两分钟时间浏览完报纸，清点好照片的数量。一小部分人的耗时稍多一些，因为他们把报纸看了两遍，再三核对数字。

事实上，他们每个人都能在几秒钟之内就告诉我正确答案，并且无须费神一一清点照片的数量。这是为什么？因为报纸的第二页上就写着答案：别数了——在这份报纸里一共有43张照片。这行字并非小得像苍蝇，也没有藏在第二页的角落里。相反，这行字足有1.5英寸高，几乎占据了整整一半的页面。它是一个巨大的信息，正对着每一个读者。但是没有一个人看到它，因为每个人都一心一意地去寻找报纸里的照片了。

他们同时也错过了一件更重要的事情，那就是一个赢得250美元的机会。在报纸的中间，我编写了第二条巨大的信息。同样地，这条信息也占据了一半的页面，用了非常大的字号写着"别数了，告诉实验员你已经看到这条信息，你将获得250美元"。人们又一次错过了这条信息。因为他们当时都忙于去寻找报纸中的照片了。在实验的尾声去观察每个人的表现，真的非常有趣。我询问他们是否在报纸里看到一些不同寻常的事物。当他们回答没有后，我请他们再翻阅一遍报纸。短短几秒之内，他们就看到了第一条信息。许多人都大笑出声，惊讶地表示自己当时居然没看到。当他们看到第二条信息时，更加诧异。他们的反应也是五花八门。

每个参加实验的人都没能注意到这些显而易见、至关重要的机遇，因为他们并没有留心寻找它们。

问题的关键就是：哪些人会注意到这类机遇？谁会注意纸牌魔术中所有的纸牌都被换掉了？谁会在报纸实验中发现赢得250美元的机遇？答案就藏在幸运者与倒霉者性格差异中的第二个主要维度里——神经质。在这个维度得分较低的人通常比较冷静和放松，得分较高的人往往更容易感到紧张和焦虑。

正如下图所示，在性格测试中，幸运者在神经质方面的得分低于倒霉者。因此他们往往能够在放松的状态下发现各种机遇。

心理学家开展了大量的工作，研究焦虑感将如何影响人们留心

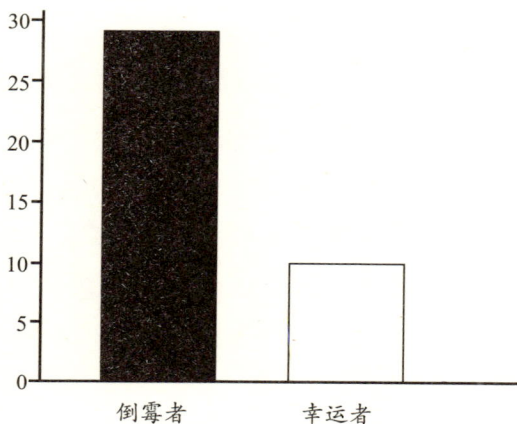

倒霉者和幸运者的神经质得分

不起眼事物的能力。在一项著名的实验里，人们被要求仔细观察电脑屏幕中央一个移动的黑点。在没有事先告知的情况下，实验员会偶尔在电脑屏幕的边缘投放一些闪烁的大黑点。几乎所有的参与者都注意到了这些大黑点。心理学家随后对第二组志愿者进行了相同的实验。但这一次，他们向能准确观察中心点的参与者提供丰厚的奖金。在这种情况下，参与者在整个实验中远远没有第一组放松自如。他们过多地把注意力投放在中心点上。结果显示，超过三分之一的参与者没有看到实验中出现在屏幕边缘的巨大黑点。他们看得越认真，看到的反而越少。

由于幸运者比大多数人更放松，就更容易注意到生活中的机遇，有时甚至是不期而遇，意外之喜。他们就是那些在报纸实验中能发现关键信息，在电脑屏幕上能留心看到大黑点的人。对这类机遇的留意能力对他们的生活产生了显著的积极影响。

为了说明这个观点，让我们首先讨论下这个因素如何影响运气的一个非常简单的方面，即你是否容易在街上捡到钱。正如哈克贝利·费恩说的，我们在街上捡到 1 美元所获得的快乐远比我们辛苦赚来 1 美元要多。67 岁的理查德经常在人行道上捡到各种硬币，有时甚至是纸币。8 年前，他决定把捡到的钱放进一个专门的罐子里，贴上"捡到的钱"这个标签。他把罐子放到了厨房，他对于罐子被装满的速度吃惊不已。在一次采访中，理查德表示，他注意到一个非常奇特的现象——他捡到钱的数额似乎与他当时的心情好坏直接相关。理查德的这个发现是因为，有段时间每当在街道上"发现"一笔钱时，他就会记录下金额以及当天的心情，是放松快乐还是焦虑悲伤。他发现这些因素极大地影响了他是否能注意到身边的机遇：

当我心情低落或觉得"噢，我今天不能被别人打扰"时，我往往无法捡到钱。但当我心情很放松快乐，神清气爽地走在街上时，我捡到钱的可能性会更大，因为我的感官似乎变得更敏锐精准。这太奇怪了。我到大街上可不是为了去捡钱，但正因为我没有特别苦思冥想某件事情，似乎就能更容易发现这些意外之财。

幸运的人具备发现机遇的能力，这是因为他们能以一种放松的态度看待世界。他们并没有刻意地期盼去发现某些特定的机遇，他们只不过是在偶遇机会的时候能留意到它。相反，倒霉的人更加容易焦虑。他们在报纸实验中，往往忙于计算照片数量而忽视那些关键信息，错失立刻赢得250美元这个良机。在现实生活中，他们也许会时刻想着要准时出席会议，纠结自己是否要跳槽或烦恼日常生活的琐事。结果就是，他们的注意力太狭隘和单一，这使得他们常常与日常生活中的机遇失之交臂。

幸运的人常常分享自己如何在浏览报纸、杂志、网站、布告栏时，偶遇那些改变他们人生轨迹的机遇。在第二章，我描述了林恩的幸运生活。她翻看报纸时偶然读到一篇文章，报道了一位女性多次在大赛中获奖的经历。在这之后，她的人生也发生了翻天覆地的变化。许多幸运者也反映了类似的经历。就拿现年39岁的戴安娜为例。戴安娜是剑桥大学的教育学教授。她告诉我，自己偶然看到的一则新闻彻底改变了她的人生轨迹：

我浏览报纸时，一篇谈论英国学前教育问题的文章对我的生活产生了深远的影响。读完文章后我随即回信，表示自己十分赞同这些观点。文章作者邀请我见面详聊。会面后我才得知，他与政府里负责教育顾问委员会的官员有所联系。由于我给他们留下了深刻的印象，因此我幸运地能负责部分关于学前教育的政府项目。

其他一些幸运者也描述了自己是如何在电视或收音机里与机遇不期而遇的。62岁的伊丽莎白是波士顿的一位瑜伽教练，她将自己的好运气归功于一台为她提供了许多美好机遇的"神奇收音机"。

当我打开自己的"神奇收音机"，我经常能听到自己当下急需的内容。这类神奇发现的次数已经远非偶遇那么简单了。就在不久前，我正面临离婚诉讼，我的律师说我需要一名私家侦探。一天后，一家当地的广播电台就播放了一名私家侦探组织负责人的访谈内容。于是我和他取得了联系，他很快向我推荐了我家附近的一名私家侦探。我与私家侦探通过电话后，当即就雇用了他——他真的非常厉害。还有一次，我想要开拓自己的人生观。我打开收音机，立刻听到了一位女士正在谈论当地大学将开设的一门精彩的社会学课程。

于是我赶忙与电台取得了联系，了解更多课程相关的信息。几周之后，我就坐在了美丽的校园里，参加为期一周的社会学课程。我的"神奇收音机"一直都充满魔力。

然而放松的状态不仅仅能帮助幸运者注意到街道上的钱，或在报纸、杂志、电台里发现有用的信息，放松的状态在人们与他人会面或闲聊时也发挥着同样的神奇作用。他们参加各种派对、会议时，并没有刻意想要去寻找理想中的伴侣或能提供他们完美职位的企业大佬。恰恰相反，他们无欲无求，处于非常放松的状态。因此他们也能更好地留意到周围的机遇。他们参加各种派对，聆听他人的倾诉。幸运者能看见当下正在发生的事情，而不是绞尽脑汁去发现他们想要看见的事情。结果就是，他们能更好地发现那些自然而然就发生的机遇。

约翰是一位来自内华达州的幸运会计师。他也谈及自己是如何在放松的状态下与许多良机不期而遇的，他并没有刻意固执地寻找它们：

我觉得我的一部分好运气是因为我处于放松的状态，对于外界发生的一切处于接纳开放的态度而非刻意去寻找那些特别的事情。不久前，我想要买一辆好车——一款行驶里程数较低，款式较新的二手车。如果我总想着我想要一辆二手的奔驰、里程数是多少，诸如此类的条件，我很有可能到现在都找不到这辆车。当时我很放松，没有刻意想着它。有天我在浏览报纸分类广告信息栏时，发现了一辆好车——它不是一辆奔驰，但十分适合我。当我2月份搬到拉斯维加斯时，我看了两套房子，选择了一套对我而言完美的住所。但如果我预设了许多具体的条件，那么我很可能就无法找到真正适合自己的住所。而如果我足够放松、不去多想它，结果总会更令人满意。

简而言之，幸运者擅长发现生活中自然发生的机遇。他们并没有刻意去寻找这些机遇，相反，正是他们放松的人生态度帮助他们留心身边正悄然发生的机遇。这听起来有点讽刺，但当人们试着不要看得太认真，反而看得更多。

运气练习 5：你错过了人生中的哪些机遇？

回想最近一次你错失的机会：你是否本可以和一位不熟悉的人闲谈从而增进彼此的了解？例如，你可能在一次派对上看到一个非常友善或魅力非凡的人，但你因为害羞而没有采取行动。你可能听了一场精彩的演讲，但没能找到机会和演讲人进行交流。你可能出席了一次公司晚宴，见到了一个你仰慕已久的人，但他在你刚准备自我介绍时离开了。你可能在商店里被某人不自觉地吸引，却苦于当时并非是恰当的时间或恰当的地点能和对方结识。又或者你的一位朋友或同事本打算把你介绍给他认识的人，但你当时太忙了，真的没时间去认识对方。

请花一点时间，闭上眼在脑海中回想一下该事件：当时那个人的穿着打扮、言谈举止以及你错失结识对方机会的原因。在你的运气日志里简要写下这些细节信息。

现在我希望你能穿越过去，想象一个截然不同的情景。假设你正身处一个平行宇宙，任何一件事情都有可能发生。在这个世界里，你能遇到那个人并有机会与他闲聊。你发现自己在派对上有勇气和对方打招呼。你听完精彩的讲座后，在楼梯口和演讲人不期而遇。你在商店里和对方同时伸手触碰到同一件商品，并因此开始了搭讪。你在对方离开公司晚宴前顺利地介绍了自己。又或者当你朋友想把你介绍给对方时，你恰好没有那么忙，3个人能坐在一起喝杯咖啡。在你的运气日志里，请写下你们两人是如何相互认识的。

随后，假设你发现对方非常友善，很好沟通。事实上，你可以想象成你俩的会面非常顺利，并且对你的生活产生了积极的影响。你在派对上认识的对象成了你的完美伴侣，你们深爱彼此。你在楼梯口的偶遇使你得到了一份令人满意的工作。你在商店结识的人成为你的好友。又或许你在公司晚宴上与对方的交谈最终促成了一项出人意料的商业合作。尽情发挥你的想象，想象一下这次偶遇将如何改变你的人生。现在，请在你的运气日志里简要记录下这次会面对你产生的重大影响。

设计这项练习的目的是向大家展示机遇的力量。让你知道一件不起眼的小事或一个决定将如何对你的人生产生巨大的影响。现实生活中，我们显然无法穿越时空，改变过去。你永远无法得知如果当时遇到了那位神秘人，你的生活将发生哪些变化。然而你却能改变自己的未来。你可以运用各种方法来极大地提升你在运气日志里所设想的这类偶遇的可能性。要想在你的生活中实施这些技巧，你第一步要做的就是彻底理解这些技巧背后简单却非常有效的法则。

子法则三：幸运者欢迎生命中的新鲜事物

幸运者会下意识地使用第三套也是最后一套技巧来提升自己的好运气。这些技巧主要围绕性格中另一个重要维度"开放性"展开。在这个维度得分高的人，喜欢生活中充满多样性和新鲜感。他们热衷于体验各种新生事物，品尝各类新奇美食，尝试不同的做事方法。他们不喜欢被传统束缚，热爱未知的不确定性。在"开放性"维度得分低的人往往更加传统。他们喜欢按部就班的做事方式。他们希望明天能很大程度上与昨天和今天类似。他们通常不喜欢发生意外。

正如下页图所示，在性格测试中，幸运者在"开放性"维度的得分高于倒霉者。这也提升了他们在生活中获得机遇的次数。

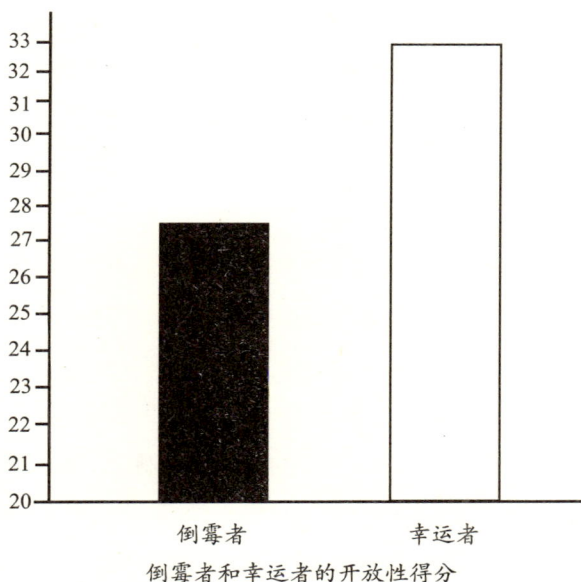

倒霉者和幸运者的开放性得分

　　先前我们认识了罗伯特，他是一名幸运的飞行安全理事。他的几次偶遇都取得了令人满意的结果。在一次访谈中，罗伯特强调了自己在生活中对于多样性的偏爱：

　　每当节假日来临，我们从来不预订行程，说走就走，到了目的地才开始寻找酒店。

　　欧也妮是一位 32 岁的家庭主妇。她一生都在追求新的人生体验。她从事了许多不同种类的工作，并且从来不会去相同的地方度假。她是当地一家手工艺俱乐部的会员。当大多数会员都专心学一门手艺时，欧也妮一如既往地尝试制作各种新的手工艺品。她家里塞满了不同种类的早餐谷物、洗衣粉、除臭剂和牙膏。她告诉我，多样性的法则甚至还影响着她每周去附近商店采购的计划：

如果你让我每周都去相同的商店购买 30 样相同的商品，我会发疯的。我每周都需要去不同的商店进行采购。

参与我实验的许多幸运者都尽力给自己的生活增添变化和多样性。在做出一个重大决定前，有一位幸运者会制作一份清单，罗列出各种选择，随后通过掷骰子的方式做出最终的决定。另一位幸运者表示他发明了一项特殊技能，迫使自己结识不同类型的人。为了打乱自己的习惯，给生活增添更多乐趣，他在参加派对前会事先想好一个颜色，随后在派对上只和穿那个颜色服饰的人交谈。在有些派对上，他只和红衣女士说话；在另一些派对上，他只和黑衣男士聊天。

虽然这看起来也许有些古怪，但在特定的情况下，这类行为的确能增加我们生活中碰到机遇的数量。想象一下自己居住在一个苹果园的中心区域。每天你都需要深入苹果庄园里采摘一大筐苹果。前几次你打算去哪里采摘都可以。苹果庄园到处都有苹果，因此你随便到哪里都能采摘到苹果。渐渐地，你去一个地方的次数越多，你就越难在这个地方发现足够多的苹果。但如果你每次都到苹果庄园内的不同区域，或者随机决定去哪块区域，那么你采摘到苹果的机会就大大提升了。

运气也是如此。你在生活中很容易就会耗尽机遇：你总是用相同的方式和相同的人保持沟通，上下班总是走相同的路线，度假也总是去相同的目的地。但是，全新或随机的经历会带来潜在的机遇。这就好像走进庄园新的区域，发现自己突然身处好几百个苹果之中。

相同的机遇，不同的人生

在整个研究项目中，我对话了无数幸运者或倒霉者。但其中有两次采访与众不同，采访对象分别是倒霉的布伦达和幸运的马丁。布伦达特别容易发生意外事故。几年前，她不小心被自己的狗绊倒，摔在沙发的边角上。第二天她发觉自己身上有点疼。随着疼痛感逐步加重，她出现了严重的呼吸问题。当地医生告诉她，先前沙发边角上的轻微一撞导致了她肺部破裂。这类事件在布伦达的生活中并不罕见。布伦达认为自己非常倒霉，用她的话来说，她就是一个"移动的灾难"。马丁与她截然相反。几年前，他买了一张彩票。当天晚上，他躺在浴缸里，听着电视机里的开奖结果。当他彩票上前3个数字都被念到时，马丁激动地跳出浴缸，跑到了卧室。当他第四个、第五个、第六个数字都相继押中时，马丁简直不敢相信自己的好运气。马丁赢得了头等奖，奖金超过700万英镑。他认为自己非常幸运，他有这样的想法真的不足为奇。

在访谈的一开始，我请布伦达和马丁告诉我最近发生的一次幸运或倒霉事件。这些年来，这个问题我问过许多幸运者和倒霉者。这次却不同。这次在问之前，我就已经知晓了答案。事实上，我比布伦达和马丁本人都更了解他们近期发生的事情。虽然他们还不知道，但他们早已参与了一项实验，用来研究运气与机遇的关系。

与我绝大多数的研究不同，这项实验并没有在大学实验室里进行，相反，它发生在布伦达和马丁的日常生活里。不仅如此，我们进行了全程录像。这些影像资料以及他们在访谈中的发言提供了一些具有说服力的见解，来解释幸运者为什么能比倒霉者在生活中获得更多的机遇。

几周前，我偶然碰到了一名电视制片人，她最近一直在报道我的运气研究项目。她表示许多幸运者和倒霉者——包括布伦达和马丁——已经报名参加这个节目，并渴望能参与一些实验。我想给马丁和布伦达提供一模一样的机会，通过观察他们各自的表现，来说明幸运者究竟是如何在生活中给自己创造各种机遇的。但我不想在实验室里开展这项实验，我想在真实的生活中进行实验。

虽然这个想法听起来很简单，但它需要我们事先进行周密的计划：几张 5 英镑纸币、4 位助手以及一些摄像机。实验场所在我大学附近的一家咖啡店。摄像组在通往咖啡店的街道上以及咖啡店内安装了许多摄像头。我们让马丁和布伦达分别在不同的时间前往咖啡店，并耐心等待一位负责运气项目实验的工作人员。

我们人为给马丁和布伦达创造了两个潜在的"机遇"。我们在咖啡店门口的人行道上放置了一张 5 英镑纸币。马丁和布伦达走进咖啡店时一定会经过它——但他们是否会注意到这笔钱？我们也重新布置了咖啡店，总共只放置了 4 张桌子，每张桌子前都坐有一名实验助理。他们中有一人是位成功的商人。这 4 个人的言行举止都事先受过训练，无论进入咖啡店的是布伦达还是马丁，他们的应对都能如出一辙。布伦达和马丁是否能够抓住所有的机会呢？

我们放置好摄像头，翘首企盼马丁和布伦达的到来。马丁第一个到达咖啡店。他很快就注意到地上的 5 英镑，捡起后走进咖啡店。一进来，他就点了一杯咖啡，并坐在了那位成功商人旁边。几分钟不到，马丁就做了自我介绍，并提出请他喝一杯咖啡。男子欣然接受，不久两人就闲聊起来。等马丁离开咖啡店之后，我们在地上重新放置了一张 5 英镑纸币，等待布伦达的到来。

然而实验却出现了一些意外。紧接着走上街的并非布伦达，而是一位推着婴儿车的妇女。她注意到了纸币，捡起后离开了。我猜测，她一定也是位生活中的幸运儿，虽然我没法和她确认。于是我们重新又放置了一张 5 英镑纸币，继续等待布伦达。几分钟后，布伦达出现了。她笔直走过了纸币，推门进入了咖啡店。她走到柜台边，点了一杯咖啡，随后也坐在了那位成功商人的旁边。但与马丁不同，她只是安静地坐在一边，并没有和任何人交谈。

当天下午，我采访了两人，请他们谈谈当天发生在他们身上任何幸运或倒霉的事情。布伦达一脸茫然地看着我，说当天平平无奇，没

有什么事情发生。而马丁却生动形象地向我描述了自己在街上发现了
一张 5 英镑纸币，并在一家咖啡店和一位生意人进行了友好的沟通。

相同的机遇，不同的人生。

运气练习 6：你的运气档案——法则之一

让我们回头看看你在之前"运气档案"中的得分。这份问卷上
的前 3 个问题反映的是本章节所讨论的子法则。第一项反映了你的
外向性，第二项反映了你的焦虑倾向，而第三项则反映了你对新生
事物的开放程度。

得分：

请重新看下你当时在这 3 个陈述中的得分情况，把得分相加（如
下表所示），就是你在第一项幸运法则上的得分。

陈述	你的得分（1~5）
1. 我有时会在超市或银行排队时和陌生人搭讪。	5
2. 我不太会对生活感到焦虑和担忧。	4
3. 我乐于尝试新鲜事物，比如尝试新推出的食物或饮料。	3
第一项幸运法则的总得分	12

现在请对照下页表，看下自己的得分属于高、中、低的哪一等
级。请在你的运气日志里记下得分与等级，我们稍后讨论哪些是增
强你生活中运气的最佳方式时，这些数据会非常重要。

低得分						中等得分			高得分			
3	4	5	6	7	8	9	10	11	12	13	14	15
									×			

12= 高得分

我邀请了大量的幸运者、倒霉者和中立者完成他们的运气档案。幸运者在这些项目上的得分高于其他人。倒霉者更容易得到最低的分数。（见下图）

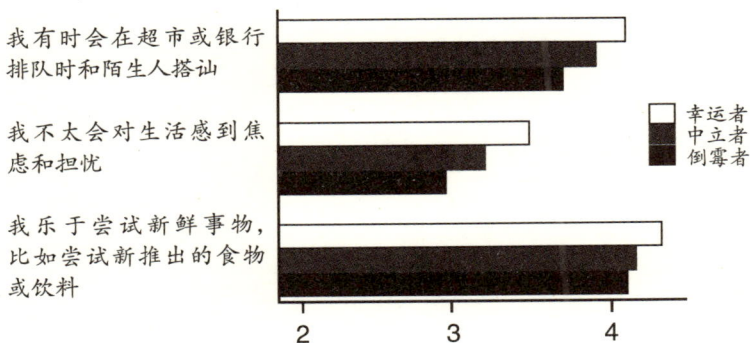

幸运者、中立者和倒霉者在"运气档案"问卷中的平均得分

总结 如何增强你的幸运指数

幸运的人比起倒霉的人更容易创造、留心和把握住机遇。他们会尝试运用各种方式。由于他们更外向，所以他们能主动和更多的人进行沟通。由于他们都是"社交磁铁"，所以也有更多的人

愿意和他们聊天。他们同时也善于和他人保持联络。此外，幸运的人比起倒霉的人处于更放松的状态，这使得他们能更多地留意生活中不同方面的意外机遇。最后，幸运的人在生活中喜欢尝试、体验各种不同的新鲜事物，这也帮助他们增加并最大化碰到机遇的可能性。

基本法则之一：最大化你的每次机遇

幸运的人能够创造、发现并把握生活中的机遇。

子法则：

1. 建立一张强大的"运气网"。

2. 放松的生活态度。

3. 幸运者欢迎生命中的新鲜事物。

增强你生活中的运气

下面的方法和练习将帮助你提升自己在生活中创造、发现和把握住机遇的能力。仔细阅读并思考你可以如何将它们融入你的日常生活中去。在第八章，我将系统地说明如何最有效地使用它们来增强你生活中的好运气。

1. 建立一张强大的"运气网"。

回想一下罗伯特——那位幸运的飞行安全理事，他能够不间断地遇到生命中的贵人。罗伯特成功的秘诀在于他喜欢与他人相处。他乐于和朋友共度美好时光、前往各种派对、在超市排队结账时和陌生人闲聊。他遇到的人越多，碰到"偶然"机遇的可能性就越大。此外，像罗伯特这样的幸运者也有着一种"社交磁铁"的特质——人们容易被他的肢体语言所吸引，围拢到他身边。多想想你在社交和工作场合的肢体语言。养成微笑的习惯。当看到你认识的人或想要结交的人时，请记得微笑。不要试图用假笑来蒙混过关。你可以想想自己的真实情感。与此同时，请要求自己采取一种"开放"的姿态。不要交叉你的手臂或双腿，不要老是用手挡着脸。学会与他人保持友善的眼神接触。敞开心扉，享受生活，试着将人们吸引到自己身边。最后，你要牢记幸运者是如何花费大量精力与认识的人保持联系的。还记得凯西是如何把自己描述为"朋友收集者"，能聚集人生不同阶段遇到的 50 位朋友来为她庆祝生日吗？我希望你也能如此。用心地去结交更多的人，恰当地运用肢体语言来吸引他人的靠近，并与朋友和同事保持联络。

推荐练习

结识 4 个人

下个月的每周，我希望你能主动与至少一个你不太熟悉或根本不认识的人进行一次搭讪。虽然幸运者会觉得与不认识的人搭讪非常容易，但绝大多数的人还是会觉得非常困难。这里有一些建议，给你提供最佳的搭讪方式：

- 不要试图与那些让你感到不安的人进行攀谈——相反，找那些看起来很友善的人开启闲聊。

- 试着避免让你的开场白显得做作和刻意。相反，你可以利用生活中一些自然的场合，比如在你排队的时候碰巧站在某人身旁时，在书店相同区域偶遇某人时，或是在火车、飞机上和他人挨着就座时，都是发起对话的好时机。

- 向他人询问信息或请求帮助都是破冰的好方式。在一个商店，你或许可以询问他是否知道商店的关门时间。在街道上，你或许可以向他问路或询问是否知道一些就餐的好地方。或者你也可以试着去发现他人身上是否有你欣赏的方面，或挖掘一些有趣的事物并做一些点评。在一次派对上，你或许会注意到某人穿的毛衣正是你喜欢的款式，于是你可以走上前询问对方是在哪里买的。在一个咖啡店，你或许会看到某个人翻看的书籍正是你一直想要阅读的，于是你可以走上前询问对方对这本书的评价。请使用开放式而并非封闭式的问题。封闭式的问题用一个简单的"是"或"不是"就能回答，因此无法去延续一场对话。而开放式的问题需要更长、更具体的回答，因此往往能自然地开启彼此的沟通。例如，"你喜欢托尔金吗？"是一个封闭式问题，而"你对托尔金的看法是什么？"就是一个开放式的问题。

- 如果这个人看起来比较友善，那么你的开场白可以尽量具体些。告诉他你想知道商场的关门时间，想去某个地方，或读特定书的具体原因。如果你们聊得很开心，就可以提出下次见面的邀约。不要担心太直接的表达可能会不太好，你完全可以询问对方是否愿意有空的时候一起喝杯咖啡，邀请他加入你和朋友们的聚会或大家一起看场电影。

- 最重要的是——不要害怕被拒绝。你起初的几次尝试沟通也许换回的只是一些简短的回应，之后就不了了之了。不要太介意——或许对方只是太忙了，或单纯就是不喜欢闲聊——你要做的就是继续尝试。我们周围还有很多其他人，许多人都会对我们善意的接近、闲聊感到欣喜。

保持联络的游戏

每周，我希望你能和一个好久不联络的人重新恢复联系。很多人觉得这有点困难。以下是一些建议：

浏览下你的通讯录，记录下每一个很久没有联络过人的名字和电话号码。回顾你曾经读书、工作和居住的社区中认识的人，尽可能详尽地在清单上记录下名字，多多益善。随后，每周都进行"10分钟联络游戏"。给自己10分钟的时间与某个长久不联络的人进行通话。选择一个人，拿起电话，拨通对方的号码。如果对方接了电话，那么你就和他聊一会儿——告诉对方这么长时间没有联系，你对此感到很抱歉，询问下他的近况以及生活中发生的一些事情或改变。如果对方没有接听电话，那么你就在通讯录中寻找下一个目标，给对方打电话。你现在有 10 分钟的时间与很长时间没有联系的人进行沟通。计时开始。

2. 逐步养成更为放松的人生态度。

焦虑人士的关注焦点倾向于狭小，因此往往无法注意到身边的各种机会。回想一下我先前讲述的报纸实验中，每个人是如何因为只关注清点图片的数量而错失赢得 250 美元的机会的。幸运者拥有更为放松的人生态度，因此能够留心到身边的各种机会。它不仅关系到你寻找信息的方式，而且也影响你寻找信息的地方。你或许还记得，幸运者如何在报纸和杂志中发现那些改变命运的机遇。林恩人生的转折点就在于一次偶然的报纸阅读经历。她在浏览当地报纸时偶然读到了一篇文章，得知一位女士屡次获得比赛大奖。正是这篇文章最终使得林恩在许多全国比赛中赢得大奖，实现她成为一名成功的自由撰稿人的人生目标。其他幸运者也曾说起自己在上网、听电台广播的过程中偶遇了许多重要的机遇。我希望你能够将这些方式融入自己的生活中去——每天都能处于一个放松的状态，对于身边的机遇持有一个开放接纳的态度。尝试用儿童的视角来看待这个世界——不要存有预期和偏见。去探索生活中有什么，而不是去寻找你心中预期的事物。放松自己，寻找乐趣，创造机遇。不要让你的期望限制你的视野。如果你参加派对只为寻觅到完美伴侣，那么你很可能就会错失结交一位人生挚友的机会。请记住你的周围充满了各种机遇，关键就在于你需要在正确的地方发现它们，并用心去感受当下的人或事。

推荐练习

放轻松，行动起来

许多幸运者分享了各种减压的放松方法。这个练习非常有效，它能帮助你拥有更为放松的人生态度，从而缓解你身心的焦虑感。现在就进行这个练习吧，今后每当你感到焦虑的时候，都可以运用它。

首先，找一间安静的房间或找一个安静的地方。随后，请闭上双眼，深呼吸几次。现在请想象自己正待在一个令你感到放松的地方。比如，你正躺在阳光普照的沙滩上，漫步在炎热夏日的树荫下，或是凝望着宁静无波的湖面。请在脑海中创造一些让你感到平静、快乐的场景。尽情想象一下它可能的样子。你可以幻想一下当你真的身临其境时你会听到什么声音。可能是岸边的海浪声，林间的鸟鸣声，树林中的风吹声。想象一下你脚下沙土的触感或是乡间新鲜空气的味道。请把你身处场景的方方面面都考虑在内——不要仅仅想象那些你渴望看到或听到的事物，而是包罗该场景中所有可能的方面：声音、形状、颜色以及气味。

现在，请想象一下你身体里的紧张不安都在逐步流逝。它们流经你的身体，然后从你的四肢流出体外。从头部开始，一边放松脸部肌肉，一边感受紧张和压力正逐步流走。现在请温柔地左右、上下移动头部。放松你的肩膀。一边轻轻甩动双臂和双手，一边想象紧张感正从你的指尖流逝。再次深呼吸，放松你的上半身。随后轻轻晃动双腿，想象一下它们正处于放松无压力的状态。花一点时间让平静的情绪彻底流淌你的全身。

最后，慢慢睁开双眼，渐渐回到真实的世界。感受下自己当下的感受，与练习前的感受进行对比。你是否感到更放松和开放？这是一种非常重要的感知自我存在的方式。这种充满能量的状态对你的身体、精神和运气都非常有好处。

这个练习你做得越多，你进入这种放松开放的状态就越快。因此，每当你感到压力和焦虑的时候，就花一点时间进行这个练习。你一定会对它产生的效果而感到惊喜。

3. 敞开心胸，拥抱生活中的新奇经历。

许多幸运者通过体验各种新鲜事物来最大化碰到机遇的可能性。许多人会经常选择不同的线路上下班，有时甚至用骰子来做一些随机的决定，给生活添加各种乐趣。还记得类似在果园里收集苹果的事例如何说明这些随机的行为能够快速提高人们在生活中获得机遇的可能性吗？请将这类方法融入你的生活，看看你的生活会发生哪些变化。敞开心扉去体验生活中的新鲜事物，你可以改变你的日常习惯，甚至考虑用骰子来决定生活中的一些琐事。学着走进果园中未曾探索过的新区域，看看你能收获多少苹果。

掷骰子游戏

请列一张清单，写下 6 种全新的体验——你之前从未做过但愿意尝试的事情。有些体验可能非常容易，例如尝试一种新的食物或一家新的餐厅。有些体验可能会更具挑战性，例如体验蹦极或滑翔机。有些体验可能很轻松快活，比如打一场疯狂高尔夫球或是参观动物园。有些则可能需要长期的坚持，比如学习一门新的语言，报名夜校课程学习，成为健身俱乐部的会员或是加入公益组织从事一些志愿服务。你也许会选择一些其他体验，因为这能帮助你走出自己的舒适区——比如你以前怕水，所以就一直避开游泳课程，但现在你也许想要尝试一下。某个体验或许能实现你长久以来深藏于心的渴望——如果你一直想要加入一个马戏团，那么你或许可以考虑参加周末的小丑表演课程。

请写下你的体验清单，写好 1~6 的序号。随后，找一个骰子。接下来就是最关键的时刻了。你需要向自己做一个承诺。你必须保证，掷骰子，掷到哪个数字就必须去体验该数字对应的项目。你不能更换体验项目或打退堂鼓。此刻，你也许想要反悔，或更改你的体验项目。这个没问题。但是，你一旦写好了最终的体验清单，那么你必须完成骰子上数字对应的项目。

现在请开始书写清单，掷动骰子，享受一次全新的体验。

第四章

基本法则之二：听从你的幸运预感

法则：幸运者能凭借直觉和预感做出正确的决定

　　玛丽莲是一位 26 岁的销售代表，在我的研究中，她是倒霉者的典型代表。玛丽莲糟糕的运气体现在了生活的方方面面，但她绝大部分的厄运都集中在爱情上。玛丽莲在西班牙一家酒吧打工时遇到了她的第一任男友斯科特。当年，19 岁的斯科特刚从英国乘飞机到西班牙，开始为期两周的假期。到达小镇的第一天晚上，他走进了玛丽莲当时打工的酒吧，结识了彼此。两个人聊得很投机。在接下来的两周里，两人交往频繁。在假期临近尾声的时候，斯科特向玛丽莲表白，说自己爱上了她，并愿意来西班牙和她厮守到老。几周之后，他就带着全部家当到了西班牙，和玛丽莲共同生活。

玛丽莲觉得自己遇到了理想的另一半。这看起来似乎是个浪漫的童话故事。起初，事情也的确如此。但好景不长，短短数月过后，他们的关系就出了问题。斯科特对待玛丽莲的态度开始变得非常恶劣。他变得非常自私、无礼和傲慢。玛丽莲觉得这些问题都是因为斯科特远在异乡所导致的。于是，她建议两人搬到英国居住。几个月过后，两人到了伦敦。玛丽莲希望双方的关系能有所改善。可惜事与愿违，情况变得更加糟糕。斯科特依旧非常恶劣地对待玛丽莲，情况不断地恶化。当玛丽莲发现斯科特有了新欢后，终于结束了这段关系。

没过多久，玛丽莲遇到了约翰。双方的关系进展得很顺利，于是两人开始了同居生活。然而一切再次以灾难收场。在共同生活了几个月后，约翰失业了，于是玛丽莲只能靠自己的小额助学金承担起两个人的开销。当约翰终于找到一份工作后，他却频繁请假，不去上班。他开始向玛丽莲借钱，越借越多，但几乎从来都不偿还贷款。两人关系最终破裂，他总共欠了玛丽莲几千英镑的债务。

幸运者在伴侣的选择上显得更加成功。如同我研究项目中的许多幸运者一样，萨拉在情感生活里也非常幸运。读大学时，她就加入海军储备军官训练团。第一次全体大会的时候，她碰巧和一名年轻的教官闲聊了几句。而这名教官恰恰负责教授她如何拆卸并清理半自动步枪。很快，他们就发现他们是天生一对。萨拉取消了已有的婚约并与教官步入婚姻的殿堂。这是一个非常勇敢的决定，但萨拉坚信她正在做一件对的事情。而时间也证明她当时做了一个正确的选择——两人已经结婚27年了，婚姻一直都美满幸福。

有趣的是，幸运的人在职业发展领域也总能做出成功的选择和决定。他们信任的客户往往都非常诚实可靠，在职业发展或理财方面，总能做出明智的选择。倒霉的人却恰恰相反。他们往往会做出错误的商业决定，信任那些不靠谱的人，买了股票后就遭遇股灾，看中的赛马在第一栏就摔倒，等等。

当我询问幸运者和倒霉者做出成功或失败的决定背后的原因时，他们几乎很难说清楚自己为什么能好运连连或厄运缠身。幸运者表示，他们就是能感觉出自己的决定是正确的。相反，倒霉者把许多糟糕的决定看作自己注定失败的明证。我决定开展研究来探索幸运者做出的决定为什么能比倒霉者的决定收获更多的成功和快乐。研究的结果表明，我们的潜意识拥有非凡的能力。

让我们从一个与众不同的展示开始。接下来的一页会有6位虚构的金融分析师的画像和简要描述。这6位分析师都拥有好几年的股市投资经验，一些人非常成功，而另一些人则不然。我希望你能阅读每个描述，仔细查看对应的画像，随后花几秒钟时间在脑海中想象一下每位分析师的画像长相。当你看完全部6个人的信息后，请翻回到这一页。

约翰能准确可靠地预测股市行情，
凭借这一能力成了亿万富翁。

10年来，比尔对股市行情的预测总
是恰到好处，并带来丰厚的利润。

埃里克对股市行情的预测总是失败，
谁都知道他是一个蹩脚的分析师。

诺曼因为对股市行情预测不准
而损失了一大笔钱。

杰克有预测哪只股票会涨的本事，
他赚了几百万英镑。

戴维正考虑改行，因为他对市场
行情的预测总是不得其法。

6 幅图片都看好了？现在我将向你介绍两位新的金融分析师。假设他们两人都将给你提供一些理财建议，帮助你更好地进行投资。你之前从未和两人见过面，对他们的背景也一无所知。我想请你快速地看下他们的面部照片，并决定你将听取谁的建议。别思考太多时间——你只需快速看完照片、做出决定并返回这页。这两位新分析师的照片见附录 B（第 237 页）。

请记住你选择的分析师。在我们分析你所做决定背后蕴含的关键信息前，我们需要来看一下我的初步研究，一同探寻幸运者能做出明智决定的奥秘。

子法则一：聆听"内心的声音"

我从不同的角度研究了幸运者和倒霉者是如何做出一个决定的：他们如何评估各项证据，思考不同的选项，通过比较做出最后的决定。起初，我几乎找不到两个群体间的差异。于是我决定探究两者的差异是否在于决策制定中一个相对更为神秘的方面，即直觉。

绝大部分的情感理解起来都相对容易。当人们说自己感到开心、悲伤、生气或冷静时，我们能理解他们想表达的含义。但是当人们说到直觉时，我们就很难去弄明白他们究竟指的是什么。其中一个原因就在于人们使用这个词语的方式各不相同。对有些人来说，直觉指的就是"灵光乍现，妙手偶得"的那个瞬间，不知从哪里就冒出了一个灵感。有些人则用这个词语来形容一种创造力。艺术家、诗人和作家在谈论自己画作、诗歌和书籍的创作过程时会经常使用直觉这个词语。

我对这类直觉都不感兴趣。我想要探索的是人们是如何使用直觉来做出重大人生决定的。这种奇特的感觉能告诉我们刚刚做的或打算做的事情究竟是对还是错；我们刚才遇到的人是自己的完美伴侣还是一个彻头彻尾的骗子；一个冒险的商业决策是大获成功还是以灾难收场。我很好奇幸运者是否会比倒霉者更频繁地去使用他们的直觉。如果的确如此，那他们是在生活中的各个方面还是只在特定的某些方面去使用直觉？为了找到这些问题的答案，我决定做一个调研。我让 100 多名幸运者和倒霉者完成了一份简短的问卷，询问直觉在他们生活中所起到的作用。问卷要求每个人回答他们是否会在生活中 4 个特定的领域凭借直觉做出决定，这 4 个领域分别是：职业、人际、生意和财务。

问卷的结果引人注目。正如你在下页表中看到的，很大一部分幸运者会在问卷涉及的某两个领域里凭借直觉做出决定。大约有 90% 的幸运者表示，每当涉及人际关系方面的决定时，非常相信自己的直觉，大约有 80% 的幸运者认为直觉在自己的职业选择上起到了重要的作用。或许更为重要的是，在这四大领域里，幸运者中相信自己直觉的人数比例远高于倒霉者。通常这些差别影响重大。相比倒霉者，有多出 20% 的幸运者会依靠直觉来决定一些重大的财务事宜，多出 20% 的幸运者会凭借直觉思考职业选择。

　　这些结果暗示运气和直觉之间有着重大的联系。比起倒霉者，许多幸运者在生活中会依赖自己的直觉做一些重大决定。这传递了一个简单的信息——直觉对运气好坏而言非常重要。但这些结果也提出了更多的问题。难道幸运者的直觉尤为准确和可靠吗？如果是真的，那原因又是什么呢？为什么倒霉者凭借直觉做决策的频率远低于幸运者呢？为了找出更多的答案，我们有必要深入了解一下潜意识状态。

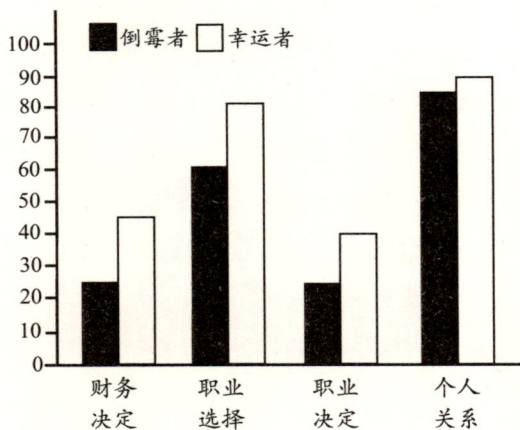

在生活各个领域中运用直觉的倒霉者和幸运者比例

　　100 多年来的心理学研究揭示了大量有关人们思考、感知和行为方式的奥秘。其中，一些最令人瞠目结舌的发现都围绕着潜意识在我们日常生活中所起到的作用而展开。如果我问你为什么决定要买某一件毛衣或用某种颜色粉刷房间，你一般都能给我一个好的理由。或许你是因为喜欢衣服上的图案才购买了这款毛衣，或许你是因为这个颜色能使房间显得温暖和舒适才购买了这款涂料。你知道自己这样做的原因。无论这些决定是无关紧要还是影响重大，你都能意识到自己在做这些决定时背后的思考。

或者，至少你认为你能意识到自己做出决定的原因。但是，要是这所有的一切都是错觉呢？要是你生命中的许多重大决定都受到你意识之外的因素影响呢？这听起来也许像一个电影里的情节或者一个阴谋论，但是成百上千的心理学实验的结果表明，这千真万确。在所有影响我们思考、决策和行为方式的因素中，我们只能对其中的很小一部分有主动意识。而通常我们都被自己的潜意识所影响。

让我们思考一种情境，了解潜意识状态是如何直接影响一些人的决策的。我们都有欲望。大多数人都渴望能找到自己的完美伴侣或发现一条简单致富的道路。对一些人来说，这些欲望能极大地影响他们看待世界的方式，甚至使得他们只能看到自己想看到的事物而忽视那些真正出现在他们眼前的东西。他们想要找到完美伴侣的欲望也许会使得他们忽视那些显而易见的欺骗或彼此不合适的信号。他们对于快速赚钱的渴望也许使自己投资一项显而易见是金融骗局的项目。但是，在潜意识中，这些人通常能意识到自己在自欺欺人，去相信他们想要相信的事情。在内心深处，他们知道事情有点不对劲。通常这种略显古怪的感觉就是一种直觉——内心的声音或感觉，告诉他们，他们正在欺骗自己。一些人听取了自己内心的声音，而一些人则继续自己的一厢情愿，选择自我欺骗。无论选择哪种方式，都直接印证了我们的潜意识拥有巨大的能量，影响我们的思维、感知和行为方式。然而这远非潜意识领域的全貌。事实上，这只是冰山一角。

运气练习 7：直觉在你生活中的作用

这个练习可以用来评估你的感觉、直觉以及幸运预感在你的生活中起到了多大的作用。

翻开你的运气日志，在新一页的顶部写下标题"我庆幸听从直觉的次数"。

回忆一下，上一次你内心对某个人或某个情境有过强烈的直觉，并且你庆幸自己当时跟着感觉走的时刻。或许你被第一次介绍给你的伴侣时，你就感觉你们天生一对，到现在你们的关系都非常甜蜜。或许你突然有种直觉，认为某个好友不值得信任，不再告诉他一些隐私，并在之后真的发现他会在你背后对你说三道四，散播闲言碎语。也许你的直觉感知到你职业生涯的某个事件。你可能会确信某次事业变动是正确的，即使其他人都不建议你这样做，但你依旧听从直觉并最终找到了理想的工作。

在你的运气日志里，简要记录你人生中每一件这样的事情。

现在，请在日志下一页的顶部写下标题"我后悔没有听从直觉的次数"。

这次，请回想一下，你曾经对某个人或某个情境产生过强烈的直觉，但没有采取任何行动并深感后悔的经历。或许你曾预感到你的伴侣在欺骗你，但依旧维持着彼此的关系，直到最后发现他或她的确对你不忠诚。或许你曾有种异样的感觉，认为某笔商业交易不太对劲，但你当时依旧一意孤行，以至于到现在你都想着要是当时听从内心的声音该有多好。看一看你运气日志中每一页你所写下的过往经历。当绝大多数人完成这项练习，他会意识到直觉在自己一些重大的人生决定上起到了关键的作用。许多人也意识到，人生中一些惨痛的失败都归咎于当时自己没有听从内心的声音。想象一下，要是你的直觉能够更为准确和频繁地在生活中出现，你的预感能作为一个可靠的警报，及时告知自己的一些决定是否正确，你的人生会变成什么样？

让我们回到你购买毛衣和挑选房间涂料的例子上。看上去你好像能意识到自己为什么这样做。某种程度上而言，这很可能是真的。你买这件毛衣是因为你喜欢它的图案。你选择这款涂料是因为你喜欢它的颜色。但为什么比起其他毛衣的图案你会更喜欢这款毛衣的图案？为什么比起粉色的涂料你会更喜欢红色的涂料？你的潜意识在多大程度上影响了这些偏爱？

大量研究已经针对这个问题展开了调查并得出了一些令人吃惊的结果。在一项著名的研究中，实验人员向人们展示了许多画在纸上的波纹。它们实际上都是一些无意义的图案。没过多久，实验人员给每个人都看了一长串波纹。有些波纹是人们之前看到过的，有些是第一次出现。每个人都被要求去分辨哪些波纹是他们之前看到过的，哪些是全新的。实验人员发现波纹很难被记住，人们无法做出正确的区分。

随后，实验人员简单地让每个人说出自己更喜欢哪些波纹图案。一些波纹受到人们的喜欢，而一些波纹却受到冷落。但当实验人员仔细观看那些吸引人的图案时，他们有了意外发现。人们在不知不觉中会更喜欢第一次实验里出现过的波纹。他们并不记得自己有看到过这些图案，但是因为某些原因，他们就是更偏爱它们。更为有趣的是，参与者会为自己的决定想出各种各样的理由。有的人说他选择某种波纹是因为它在审美角度比起其他图案更令人感到愉悦。有的人则表示，他单纯就是因为"感觉"对了。令人难以置信的是，几乎没有人能提到真正影响他们决定的关键因素——他们偏爱的波纹是之前实验中出现过的。

这一发现绝不能被看成偶然事件，因为心理学家已经多次发现了这个现象，无论是在实验室里还是在现实生活中。这种"熟悉"效应并不局限于波纹图案。在潜意识中，我们都更偏爱曾经看到过的事物。这个现象影响了我们日常思维和行为的许多方面。它是品牌理论中的一部分，解释了为什么许多公司愿意斥巨资做各种广告来使自己的产品能保持一定的曝光度。我们的潜意识能影响我们日常的许多选择，从我们购买的毛衣到粉刷房间的涂料颜色，从我们选择的商品到前往的超市。

你是否有过被介绍给某人时，当即就对他或她产生强烈感觉的经历？你并不知道这种感觉是什么，但你就是对他们有种感觉。"这种感觉"也许是积极的。你或许非常喜欢对方。你或许当下就觉得自己能信任对方。当然，"这种感觉"也许是消极的。你不知道原因，但你就是单纯地不信任对方。这种直观印象通常决定了我们与对方的沟通：是否愿意下次再见到对方，是否信任对方以及是否想要和对方有生意往来。最近的一些实验结果表明，这类决定同样取决于我们潜意识中的思维。一些研究是最近才完成的。事实上，有一项关于你的研究在 15 分钟前刚刚完成。

还记得你在这章开始的时候看到的几位金融分析师吗？好吧，这是一个简单的示范，用来探究你对人的印象是否会受到潜意识的影响。我之前请你仔细看了这 6 位虚构的金融分析师的画像。他们中一些人很成功，一些人则很失败。之后，我又请你看了另外两位分析师的画像，并要求你决定如果你想进行理财投资，你会接受哪位分析师的建议。请再看下附录 B 中两位分析师的照片。我预言你会接受分析师 1 给出的建议，拒绝分析师 2 给出的建议。这个判断是基于先前在我实验室中开展的一个类似实验得出的。当时，90%的参与者选择了分析师 1。结果显示，这项测试在绝大多数人身上都奏效。它也揭示了，绝大多数人并不知道自己做出最后选择的原因。它好像就是因为一种感觉。

这个示范也是基于一个精妙的实验。心理学家托马斯·希尔与他在塔尔萨大学的同事们共同完成了这个实验。在本章开始的时候，这 6 位金融分析师画像的脸形与其投资的成功与否有着一定的关系。

脸较长的人被描述为成功者,而脸较短的人被描述为失败者。在你不知道的情况下,你的潜意识也许已经感知到了这些区别,并影响了你对这两位新分析师的评估方式。绝大部分人更偏爱的分析师 1,脸比较长。你先前看到脸长的分析师被描述为"成功",这点也许在潜意识中影响了你的选择。你也许会认为自己对分析师的选择仅仅是一种猜测。或者你也许觉得自己有一种直觉,认为这位分析师比另一位更加出色。但事实上,这些决定也许都是因为你强大的潜意识思维能力在帮助你去分辨相似的图像。

当然,这些实验只是涉及了非常简单且人为的脸部画像和描述。在我的示范里,成功的金融分析师脸部都较长,失败的分析师脸部都较短。现实世界中情况并非如此,简单地以貌取人是不对的。事实上,一定程度而言,由托马斯·希尔和他同事设计的实验是为了表明这类思维方式是如何让我们误入歧途的。他们认为当我们碰巧看到一些符合某个特征的人群之后,我们可能会把未来遇到的一些人归类到之前相同的类型中。

相同的模式确实会产生非常精准的直觉。现实生活中,特定类型的人群的确会在某些方面有很大的相似性。我们的潜意识思维拥有非凡的能力,能够发现这些模式。当感受到某个人或某个情境非常正确或错误时,直觉的警钟就会敲响。我的采访也暗示幸运者的直觉和预感一次次都得到了不错的回报。相反,那些倒霉者通常都会忽视直觉,并为此追悔莫及。

先前我曾提到过倒霉的玛丽莲。她曾有过两段非常糟糕的恋爱经历，分别是与斯科特、约翰。两段感情都以悲剧收场。我曾问过玛丽莲，在两段关系开始前，她是否对此有过任何的预感。她告诉我，她的直觉不仅出现过，甚至朝她尖叫过。当斯科特搬到西班牙时，玛丽莲曾到机场去接机。她描述了当时内心的声音曾提醒她事情有些不对劲：

> 我看到他推着行李车左顾右盼地朝我走来，我当时的第一反应是："快点躲起来，别让他看见你，快点回去。"他当时并没有看到我，于是我想："噢，不，千万别走上前与他见面。快点离开机场，回到你的车上。"

玛丽莲当时忽视了自己的直觉，现在对此后悔不已。有趣的是，当她和斯科特在西班牙共同生活时也有过类似的感觉。但是，她并没有听从这些直觉。相反，她继续活在自己的期望中，等待斯科特变得成熟：

> 我真的爱他，但爱的不是真实的他，而是我希望和想象中的那个他。我总是畅想未来，期望他能变得成熟。

尽管玛丽莲直觉感到有些地方不太对劲，但是她依旧和斯科特相处了将近一年半的时间。她第二段与约翰的关系也以痛苦收场。玛丽莲曾同样觉察到她对这段关系的直觉是正确的，但是她却没有

听从内心的声音:

　　我知道约翰的真面目,也意识到他一直在欺骗我。他不停地编造各种离奇的故事。我知道它们都是虚假的。从我和他在一起的那天起,我就从未信任过他,一次都没有。但是我还是任由我们的关系不断持续,因为我觉得一个人太孤单了。一个人生活在伦敦真的太可怕了,我觉得自己需要他的陪伴。

　　直觉并非只与爱情相关。许多倒霉者描述了很后悔自己在生活的其他领域没有听从自己的直觉。

　　幸运者恰恰相反。他们多次描述了自己因为相信了直觉从而收获成功的事例。在第二章,我们结识了李,他曾多次死里逃生,幸免于难,并成为一名成功的市场部经理。李还清晰地记得自己第一次见到妻子时内心的强烈直觉。那一刻,直觉对他说,他们就是天生一对。他的直觉被证明惊人地准确——他们结婚已经25年了,婚姻一直都很美满幸福。

　　他并非我研究项目中唯一一位拥有此类经历的幸运者。在这章节开始,我也提到了萨拉,她第一时间就感到自己在军官训练团遇到的男士就是自己的真命天子。45岁的琳达也描述了一个非常类似的经历。20多岁时,她与一位在肯尼亚相遇的男士订婚了。

她回到英国整理好自己的行李，随后准备坐船返回肯尼亚结婚。整个旅途按道理只需要几周时间，但是苏伊士运河的意外关闭导致琳达在海上被困了将近一个月的时间。在此期间，她遇到了一名乘客，当时她感觉对方就是自己的理想伴侣。于是她取消了在肯尼亚的婚礼，随即与这位新爱人结婚。两人幸福美满的婚姻已经持续了多年。

幸运者的感觉、直觉和预感在他们的生活中起到了非常重要的作用。事实上，它们甚至能决定一个人的生死。

24 岁的埃莉诺是一名来自加利福尼亚的舞者。她相信她曾经的一次幸运预感挽救了自己的生命。有天晚上，在她开车回父母家的路上，她注意到有一位摩托车手正一路尾随着自己。从他怪异的驾驶方式判断，埃莉诺觉得他一定是迷路了。当她把车停在父母家门口时，摩托车手把车停在了她的身旁。她向我述说了当时的情况：

我知道这听起来会很奇怪，但是当我摇下汽车窗户玻璃时，我当即觉得会有不好的事情发生。我当时就是有一种强烈的感觉。这种感觉只在我生命中出现过几次。我在那一刻突然感受到了。我突然感到浑身发冷。他并没有抬起头盔。当时真的非常恐怖，有一种我无法名状的冰冷窒息感。虽然我说不清原因，但我就是感觉他带了把枪，想要杀死我。

埃莉诺不知道该怎么办，但她知道自己绝对不可以下车。她慢慢地摸向车钥匙，重新发动汽车。摩托车手显得很不安，很快就骑车离开了。她回到家，立刻报警，向警方解释发生的一切。两天后，一位警官在邻近的城市拦下了这名摩托车手。该男子举起枪，射杀了警官。后来警方将他抓获，并发现埃莉诺碰到的这名神秘的摩托车手是一个团伙的成员，他们视他人的生命如草芥。埃莉诺坚信她的直觉促使她做出发动汽车的决定，最终拯救了自己的性命。

32岁的大卫来自芝加哥，是一位经验老到的建筑师。在一次访谈中，他描述了自己的直觉是如何让他避免一起严重的伤亡事故，与死神擦肩而过的：

我当时正在建造芝加哥一栋大楼的屋顶。屋顶非常巨大，需要修建塔楼和角楼。那段时间正值冬天，一直在下雪。我在屋顶不同区域施工时，发现有一个占地20平方英尺的井。这个井当时被大约3英寸厚的大雪覆盖。井深低于屋顶的水平面大约有7英尺。它当时看上去就好像是屋顶铺设的油毛毡的一部分。我正准备跳进去，但我突然打消了念头。我并不知道原因，但我当时就突然决定不跳了。我转而接着视察屋顶的其他地方。直到我返回大楼内部，抬头往上看时，我才发现，这口井其实是一个巨大的天窗——它是屋顶上一块巨大的玻璃层。由于它当时被雪覆盖，因此我无法看到玻璃层。要是我当时跳下去，那么我很可能会撞碎玻璃层，下坠60英尺，摔到螺旋楼梯上。最令人感到诧异的是，不往那口小井里跳这一举动完全不符合我的性格。我说不清原因，但就感觉某种力量阻止了我。我就是觉得不太对劲。

在不自知的情况下，大卫潜意识中关于建筑的知识也许触发了一个幸运的预感，最终救了他一命。

其他幸运者也描述了他们是如何凭借直觉来帮助自己在工作领域收获成功的。李认为自己事业上的成功很大一部分原因要归功于他对潜在客户和员工的敏锐直觉。他告诉我，曾经有一次他甚至不顾同事的反对，坚持自己的直觉判断：

我们接到一个来自潜在客户的电话，他想要询问一些信息。其他同事都觉得不值得花时间去回应这通电话。但我还是与该客户进行了沟通。沟通过程中，他想要了解的部分信息恰恰是我不太清楚的。于是我当时就想："我需要把对方想要的信息了解清楚。"于是我要求自己找到对方想要的东西，虽然这可能只是一笔很小的订单。每个人都建议我不要浪费时间做这事，但我当时就是下定决心一定要得到对方的这份订单。事实上，我独自一人熬夜到凌晨，把相关的资料亲自交给对方。一年之后，我从该客户那里得到了总计25万美元的订单。公司也欣喜不已。我对人的判断非常准，也不断学着相信自己的直觉。我也一直负责培训销售和市场部的新员工。我认为有潜力的员工通常都能在正式工作后取得不错的业绩。

在前一章，我们结识了罗伯特。他是一名飞行安全理事，需要诊断飞机哪里出了故障。大型飞机显然是非常复杂的机器，发现故障是一个非常耗时、困难的过程。但是罗伯特却有一套秘诀，能够预感飞机哪里出了故障。

我从事航空电子工作——负责设备、电子、无线电、发射器、接收器、黑匣子等。有时，如果情况非常复杂，你就会抓耳挠腮，不断思考"故障究竟出在哪里"。从事这个行业多年之后，我并不清楚自己是否真的对各种故障都了如指掌，但我常常会有一种直觉，认为自己能把故障原因给找出来。我能够从一个错综复杂的飞机系统里，准确地指出出现故障的地方。

通常他的同事们会花几个小时从头到尾把飞机可能出故障的不同零部件都检查一遍。但是罗伯特相信自己的直觉，会第一时间去检查感觉出故障的地方。他幸运的预感屡次都被证明惊人地准确。

罗伯特的直觉是基于多年从事复杂航空电子设备系统的工作经验。相较他的有意识学习，罗伯特在潜意识状态下习得了更多关于这套系统的知识。

詹姆斯在一家大公司负责大型企业贷款业务的协商谈判。他在同事里是出了名地运气好。在一次访谈中，他解释说自己的好运很大程度上是因为他相信自己的直觉：

我经常需要做出各种重大的决定，思考是否为潜在客户提供大额贷款服务。我常常会依靠自己的直觉来做出判断。我经常把直觉当成一种警示——一个让我掉头离开或继续深入的原因。我还记得有一次一家公司的负责人找到我，想要申请一笔大额贷款。他们的纸质申请材料看起来不错，几次开会协商也进行得很顺利。但是我就是感觉有些不对劲，这使得我不太愿意在贷款合同上签字同意。每个人都建议我批准他们的贷款，但我决定推迟几天，让我的团队再详细地审查一下该公司。我们细致地核查了该公司更多的证明文件，且开展了更为广泛和深入的调查工作。一个截然不同的公司形象最终浮出水面。这家公司有严重的财务问题，但之前成功地向我们掩盖了这些问题。于是我拒绝了他们贷款的申请。它是我职业生涯里最为成功的决定之一——几周后，我们之前发现的问题被媒体报道、揭露，该公司深陷一起重大的丑闻。

直觉在我的生活里也起到了重要的作用。几年前，我受邀在一场由大型银行所承办的商业会议上发言。会议的时间意味着我必须在会议中心旁的酒店住一晚。当我登记入住时，酒店的工作人员提出需要刷我的信用卡来支付房费。我对这种情况习以为常，以往我会不假思索地把自己的信用卡转交给对方。但这一次我突然就觉得非常不安。我不知道我为什么会感到不舒服，但我就是不愿意把卡交给对方。事实上，这个感觉实在太强烈了，以至于最终我少有地选择用支票来支付房费。第二天，我做完演讲就回家了。几周后，我收到了一条电话语音留言。会议的组织者问我是否可以核查一下自己的信用卡有无任何违规的情况。我核查后发现一切正常。之后我给对方回电话，告诉她，自己的信用卡没有问题并询问她为什么让我去核查。组织方解释说，当时会议指定的酒店里有一名工作人员近期被逮捕了，原因是涉嫌一起大规模的信用卡诈骗案件。在该酒店下榻的许多会议代表都是这起诈骗案的受害者，他们发现自己的信用卡被反常地划走了大量金额。我觉得自己多年来分析撒谎心理学的经验帮助我在潜意识中察觉了撒谎者的行为。当时那名前台工作人员的行为让我感觉很不对劲。不管怎样，我的直觉帮助我节省了大量时间，避免了许多麻烦和经济损失。有趣的是，那场会议的主题正是关于如何去提防商业欺诈行为。

我与幸运者的访谈表明，他们比倒霉者更善于凭借直觉做出明智的决定。通常，这些决定与他们在个人生活和职业发展中遇到的人相关。有时，这些决定也与工作场合中碰到的事情有关。幸运者的直觉和预感通常都惊人地准确和可靠。更令人惊讶的是，他们意识不到自己成功背后的原因。在他们看来，一切仅仅是因为自己运气好。事实上，这都是因为他们的潜意识思维在默默地发挥巨大的作用。当我将注意力转移到探究为什么幸运者更善于发挥直觉的作用后，我针对该领域所做的最后阶段研究将揭示任何一个普通人该如何学会在生活中做出更加幸运的决定。

子法则二：增强自己的直觉

在这章一开始，我概述了自己对于运气和直觉的研究框架。我向幸运者和倒霉者询问他们使用直觉的频率，调查他们在生活中的哪些领域会凭借直觉做决定。研究结果表明，在许多重要领域，幸运者依靠直觉做决定的频率要高于倒霉者。这些领域包括生意、财务、人际关系和职业发展。当我在准备最初的问卷时，我意识到，了解不同人群使用直觉的频率只是运气研究的冰山一角。我又想去探索幸运者是否会通过一些方法来增强他们的直觉和幸运的预感。在设计问卷之前，我回顾了探讨这一话题的各大主流书籍和学术论文，罗列了那些被反复提及的增强直觉的方法。例如，清空你大脑中的杂念，冥想，找一个安静的场所进入沉思状态。在研究的第二部分，我向幸运者和倒霉者展示了这份列表，询问他们是否在日常生活中运用过清单上的任何一种方法。

结果再一次令人大吃一惊。如下页图所示，使用过这些方法的幸运者比例远高于倒霉者。两个人群中的某些差异极为明显，比如幸运者中会采用冥想这一方法的比例比倒霉者高 20%。

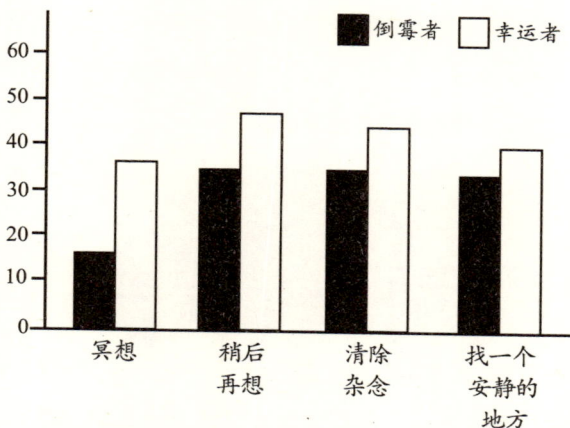

运用各种技巧在生活中增强直觉的倒霉者和幸运者比例

　　我与幸运者的访谈证实了这些方法对他们的人生产生了重大影响。

　　64 岁的南希是一名护士，居住在达拉斯。她在生活的许多方面都非常幸运。她获得全额奖学金去学习护士专业，在寻找自己喜欢的工作时也总是非常幸运。

　　当我来到达拉斯后，我就找到了一份理想的工作。我成为一个老年健康项目的负责人。我的工作时间、工作内容都由我一人说了算。我在那里干了超过 10 年。在最后两年，我询问医院自己是否可以为听力有障碍的儿童开一个诊室，负责人同意了我的请求并给予我绝对的自由。我可能是该机构几千人中唯一一个能随心所欲、想做什么就做什么的人。当然我也需承担应尽的责任。但这确实是一份完美的工作。

南希之前在生活的各个方面可没有那么幸运。事实上，她一直在爱情方面很倒霉。如今，当南希回顾过往时，她把遭受的许多厄运都归咎于自己当时不愿意相信直觉。

我在毕业后就遇到了自己的丈夫。我起初一点都不喜欢他。但是他一直不停地追求我，最后我放弃了最初的坚持，接受了他。每当我与他见面时，我的直觉就会给出许多警示。我甚至在结婚的那天就知道这是一个错误的决定。果然我们的婚姻并不幸福。我们共同生活了37年，生育了5个孩子。我好多次对这段婚姻感到灰心丧气，但我都选择了咬牙苦撑。我终于还是鼓起勇气对他说："你知道的，我们的婚姻无法再维系了。"最后，我们结束了这段婚姻。这是一个正确的决定，我也很幸运能和孩子们在一起生活——我现在和他们的关系也非常好。

我离异后也有几段感情经历。我的直觉再次敲响了警钟，但我又忽略了它们。我的这几段感情都以失败告终。但今时不同往日，我开始用心地研究直觉。我开始教授精神康复治疗课程，阅读大量心理学方面的书籍。现在我拥有了更多的知识、意识和智慧。我的判断和决策能力也变得更好。我会听从直觉。我觉得自己能确切地预料到事情会如何发展。现在我会跟着感觉走，不断去验证它，也能更加了解它。

南希并非盲目地听从自己的直觉，相反，她将它当成前行过程中的一种警示。

　　直觉在不同的方面都帮助我提升了自己的运气。我现在敢在会议或集会时坐在陌生人的旁边，我也能感知他们是否值得信赖。当我想要买辆车时，我能明确地知道哪些销售员值得信赖，哪些不值得信赖。我同样能辨别出哪些人非常贫困潦倒。我会远离他们，因为他们会让我精疲力竭。

　　但这不仅仅与我遇到的人相关。我已经有两次将车停在停车线前，以往我都会继续前行。即使当时道路上很空旷，我也会停车。我的直觉让我停下——我只是突然觉得："你知道的，某人可能会在这个十字路口右转弯。"这两次都有一辆车在我前方右转。这两次我原本都会因为处在十字路口中央而被撞。我觉得在这两次经历中，直觉也许真的救了自己一命。

　　南希说她会运用各种方法来增强自己的直觉和幸运的预感：

　　如果直觉警报响起，我会稍微往后退一步，仔细地审视面前的情况。我也会冥想一会儿，让大脑安静、舒缓下来。通常这会有点困难，但我会跟自己说："管他呢，我先做了再说。"我会尽力让自己冷静下来。我也经常从梦境中得到启示。前段时间，我接受了一份临终关怀的工作。对我的职业生涯而言，这是一种退步。几天前，我做了个梦。我梦见了一位女士，她是一名政治顾问。我觉得她的生活一定特别精彩。我觉得自己应该为她写一本传记，因为其他人一定会对这本书很感兴趣。随后我就醒了，但是这个梦一直萦绕在我脑海里。就在去年，我报名参加了一门写作课程。我觉得我的直觉正试图告诉我自己在职业选择上走错方向了。我想："你懂的，如果我的心思不在这上面，我为什么要去做它呢？"于是我认真考虑辞掉临终关怀这份工作，花更多的时间去写作。

南希不是唯一一位表示会使用各种不同的方法来增强自己直觉的幸运者。现年40岁的乔纳森是一家跨国展览公司的董事。他经历了好几次幸运的职业机遇，与妻子结婚至今已有20多年，婚姻幸福美满。此外在商业决策方面，他也是出了名地拥有良好的直觉。

大约两年半前，我想到这家跨国展览公司工作。养老金和投资管理在当时都是一个全新的概念。我只是看到了市场在这方面的空白，于是做了一份提案。我当时有着强烈的预感，认为就展览市场而言，公司会有一定的需求。我脑子里有许多不同的想法，但我知道这个想法一定是正确的。公司起初不太情愿，好在最终还是接受了这份计划。并且市场的反馈也非常好。

在访谈期间，乔纳森也分享了他是如何发现冥想可以帮助增强自己的直觉的。

　　我在几年前开始冥想，我逐步从每天 1 次、每天 2 次到每天 2 次 20 分钟的冥想。我的一个朋友最早开始冥想。冥想吸引我的地方在于它没有任何的教规，不涉及任何的宗教信仰，它只是一种单纯的与内在自我沟通交流的方式。它能够给你带来各种各样的好处，比如在精力、专注力等方面。我觉得它为我做的一件很重要的事情就是增强了我的直觉和运气。它帮助我在各类事情中学会运用自己的直觉，包括如何与客户打交道，如何在工作中做决策，等等。它帮助我听从自己的第六感。它也不仅仅关乎我在工作中做的决策——冥想也在生活的其他领域给了我很多帮助。我最近差点要买一套房子，但是我的直觉及时地打消了我的念头。

　　34 岁的米尔顿是一位来自圣地亚哥的老师，他同样讲述了冥想在他生活中起到的重要作用，以及他是如何通过冥想来增强自己的直觉的。

　　直觉出错的唯一可能就是你没有听从它。它就像蝴蝶，在我们脑海中随意闪现。如果你只是心不在焉地听从一半，那么坏事就会降临。你会想："噢，天哪，我当时为什么不用心聆听呢？"你必须像抓蝴蝶那样捕捉到它的身影。我一直有冥想的习惯。它绝对有用，因为它能让你的想象力发挥真正的作用，去尝试一些日常生活中你通常不会去做的事情。冥想帮助你进入一种放松、自由的状态。它能放大你对其他人的感觉，增强你的直觉和运气。

运气练习 **8**：你的运气档案——法则之二

现在让我们翻回"运气档案"那一页。问卷表上的第四、第五项陈述与我们这章讨论的子法则相关。第四项内容询问了你聆听自己内心声音的频率，第五项则关注你是否会采用各种方法来增强自己的直觉。

得分：

回顾一下你在这两项上的得分情况，随后将两项相加得出一个总分（如下表所示）。它就是你在第二项幸运法则中的得分。

陈述	你的得分（1~5）
4. 我经常能聆听自己"内心的声音"。	2
5. 我有尝试用一些方法来增强我的直觉，比如冥想，或者只是找一个安静的地方待着。	1
第二项幸运法则的总得分	**3**

现在请对照下表，看下自己的得分属于高、中、低的哪一等级。请在你的运气日志里记下得分与等级，我们稍后讨论哪些是增强你生活中运气的最佳方式时，这些数据会非常重要。

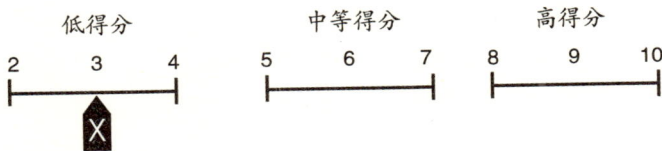

低得分	中等得分	高得分
2 3 4	5 6 7	8 9 10

3= 低得分

我邀请了大量的幸运者、倒霉者和中立者完成他们的运气档案。幸运者在这些项目上的得分高于其他人。倒霉者更容易得到最低的分数。（见下表）

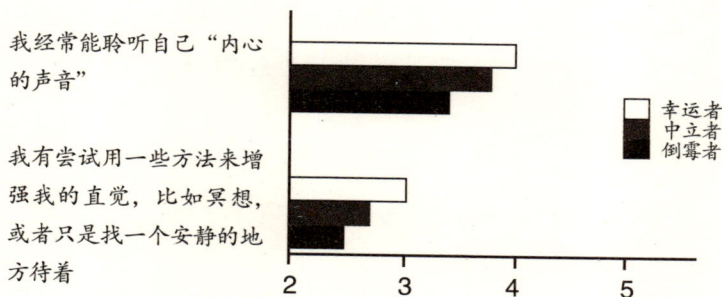

我经常能聆听自己"内心的声音"

我有尝试用一些方法来增强我的直觉，比如冥想，或者只是找一个安静的地方待着

幸运者
中立者
倒霉者

幸运者、中立者和倒霉者在"运气档案"问卷中的平均得分

总结　运气是可以被创造的

倒霉者倾向于做出失败的决定——他们会错信小人，做出糟糕的职业选择。相反，幸运者有着一种不可思议的能力，信任那些诚实可靠的人，做出明智的商业决策。这些差异都源于两个人群每当要做出人生重大决定时对自己直觉的不同处理方式。倒霉者不常使用自己的直觉和预感。这并不是因为他们没有这些感觉，而是因为他们既没有"培养"自己的直觉，也没有在它们发出警报时聆听它们。幸运者却恰恰相反。他们会聆听自己的直觉并把它看作一个警报——为他们提供一个很好的理由去停下脚步，仔细审视当下的状况。许

多幸运者也会采取冥想和清除杂念的方法来主动增强自己的直觉能力。他们非常相信自己内心的声音并不断培养自己的直觉。这样一来，他们的生活充满了各种明智的决定，他们也因此能享受幸运生活所带来的各种福利。

基本法则之二：听从你的幸运预感
幸运者能凭借直觉和预感做出正确的决定。

子法则：

1. 聆听"内心的声音"。

2. 增强自己的直觉。

增强你生活中的运气

接下来的方法和练习将帮助你通过使用自己的直觉和预感来提升你做出正确决定的概率。仔细阅读并思考，你可以如何将它们融入自己的日常生活中去。在第八章，我将系统地说明如何最有效地使用它们来增强你生活中的好运气。

1. 聆听"内心的声音"。
回想一下我先前关于运气和直觉的调查。它揭示了幸运者在职业、生意、财务、人际方面都会信任自己的直觉。并且他们一再从这些决定中获益。你应该还记得担任市场部经理的李凭借自己对一名客户的直觉为公司获得一份大额订单。你也应该还记得埃莉诺对那名摩托车手的直觉挽救了自己的生命。倒霉者却与此相反——他们常常表示自己没有听从内心的直觉，并为此追悔莫及。像玛丽莲这样的人，尽管"内心的声音"已经不停地尖叫让她离开，但她依旧忍受了好几段糟糕的情感关系。请仔细聆听你内心的声音，并用心思考它想要告诉你什么。把它看成一个警报——给自己一个很好的理由去停下脚步，仔细审视当下的状况。

推荐练习

拜访洞穴里的老者

你需要做一个决定，你想要聆听内心对每个可能的选项的评价，这时候，你可以尝试下面的练习。

找一个安静的房间和一把舒适的椅子，坐下来，闭上双眼，深呼吸几次。想象一下自己正被神奇地传送到了一个偏远山区的洞穴入口。你走进山洞，突然体会到一种放松和满足。你感到自己彻底与世隔绝，非常安全。你的内心平静而安宁。想象一下山洞的角落里坐着一位老者。他邀请你坐在他对面，和他聊聊你面临的各种选择。但他并不想听那些具体的事实和数字、利弊和得失、理由和逻辑。他也不想听其他人认为你应该怎么做，或你的责任心告诉你应该怎么做。相反，他希望你能单纯地描述自己对每个选择的真实感受。你觉得哪些选择是正确的，哪些是错误的。你们的对话是完全私密的，因此你可以坦诚地吐露心声。不要去纠结自己要说什么，直接说出来，就是现在，大声地说出来，告诉那位老者你真实的感受。现在请慢慢睁开自己的双眼。

你如何评价自己的各种选择？你觉得它们中哪个是正确的，哪个又是错误的？你的感觉和这些选项对应的实际情况匹配吗？

如果你的感受和客观事实是一致的，那么你就已经找到了答案。如果你发现自己对于某个选择感到不安，那么即使有证据表明它是正确的，你最好还是再考虑一下。切记三思而后行。你可能会忽视这些事实而听从自己的直觉。你也可能忽视自己的直觉而听从这些事实。无论你的决定是什么，你至少有听到自己内心的声音。

做出决定，然后停下来

为了能发现你对自己的各种备选究竟是什么感受，你只需选择其中一个，把自己的决定写在纸上即可。因此，如果你对是否要结束一段关系还犹豫不决，那么就通过书信的方式告知你的另一半你们关系结束的原因。如果你对是否要投递求职简历还犹豫不决，那么勇敢地写辞职信、投新简历吧。现在请停笔，想想自己此刻的感受。你的手中握着自己的未来。你真的想要递交这封辞职信，还是你内心的某种声音正告诉你这样做不对？这是你直觉发出的声音还是仅仅因为你害怕改变？当你站在教堂里，你内心的声音会对你说些什么？

2. 采取各种方法来增强你的直觉。

我针对运气和直觉的调研同样现实，幸运者会尝试不同的方法来增强自己的直觉。有些人只是简单地清空自己的思绪，而有些人则会花时间进行更正式一些的冥想。一些人会选择一个安静的场所或暂时把问题放一边，过段时间再来解决它。很多方法都非常简单，你并不用耗费太多精力就可以将它们融入自己的生活。你可以尝试那些自己感兴趣的方法，看看会发生哪些变化。

推荐练习

冥想

许多幸运者如乔纳森都觉得冥想是增强直觉最简单的方式。它并不是让你在冥想的过程中产生任何一种直觉。冥想只是让你有时间清空头脑中的杂念。冥想结束后，当你的大脑处于安静、清明的状态时，你的直觉将最为敏锐。

找一个安静的房间，坐在一把舒服的椅子上，慢慢闭上双眼，根据书上的内容做放松练习。当你感觉内心平静时，在你的脑海中不停地默读相同的字词或短语。字词、短语的内容并不重要。它也许是你朋友的名字、一首歌的歌词，甚至可以是这本书的书名。重要的是，你连续不停地重复它，从而清除脑海中的其他杂念。把注意力集中在这个词语上，并试着让自己不要走神到其他话题上。起初，这样做并不容易。但只要你坚持并牢记，熟能生巧，渐渐地，你将发现自己的注意力越来越容易集中，并感受到一种静止感。大约在你集中注意力 10 分钟之后，慢慢地睁开双眼。

　　每周尝试 3 次这个简单的练习，每次大约 20 分钟，看看它会对你的运气产生什么作用。

第五章

基本法则之三：期待好运

法则：幸运者对于未来的期盼帮助他们实现梦想和目标

　　我们都有梦想和目标。一些人想要在商业上取得令人瞩目的成就，赢得彩票或环游世界。一些人内心一直潜藏着成为一位知名作家、艺术家或电影明星的渴望。绝大多数人想要拥有一段美好的爱情，许多人想要找到一份喜欢的工作，每个人都想要健康长寿。我的研究显示，幸运者通常都能实现自己的梦想和目标，然而倒霉者在生活中很难心想事成。

克莱尔从小就厄运不断：

我父亲非常忙，母亲身体不好，一直需要去医院看病。我是由祖母抚养长大的，我在学龄前就需要做各种家务。当其他孩子都在外面玩耍时，我却不得不做各种家务，没法出去玩。因此我一直没能结交什么朋友，也没有朋友愿意和我一起玩。我觉得自己完全没有童年。此外，祖母对我非常严厉。我觉得一点都不公平。

克莱尔在生活的许多方面都非常倒霉，包括事业发展和感情生活。她一直渴望找到一份称心如意的工作，曾经在广告公司工作，也担任过杂志销售。但她从来没有在哪份工作中做得非常成功，也一直没能找到自己真正喜爱的工作。克莱尔也总想拥有一段持久、浪漫的感情。她在 20 岁的时候嫁给了自己的第一任丈夫，并有两个孩子。几年后，这段关系开始出现问题。丈夫肯恩开始对她进行家暴并与其他女人发生关系。1988 年，肯恩在一场车祸中意外去世。克莱尔发现自己很多年都无法开始一段新的感情，最终她遇到了迪克。但不幸的是，迪克被解雇了，克莱尔不得不辛苦工作来支撑整个家庭的花销。3 年后，迪克也出轨了。在又经历了一段孤独期后，克莱尔遇到了唐纳德。一开始两人的关系非常不错，但是很快，唐纳德的强迫症逐步显现，两人难以相处到一块儿。克莱尔和唐纳德现在虽然还是朋友，但已经不在一起了。克莱尔又变得郁郁寡欢、寂寞孤单。

　　51岁的埃里克却恰恰相反，他是一个十足的幸运儿。和克莱尔一样，埃里克做过许多不同的工作。他当过办公室职员、煤矿工人、出租车司机以及赌场的管理员。但和克莱尔不同的是，他非常享受自己的每份工作。

　　我热爱自己所做的每件事。生活中，开车就是我热爱的事情之一。当我还是一名出租车司机时，我很开心，因为自己能驾驶别人的好车还有报酬。打牌也是另一件我喜欢的事情。我曾在一家赌场担任管理员，因此我能用别人的钱来赌钱，这样自己就不需要冒任何的风险，这简直太完美了。我几乎想不到做过的哪份工作是自己不喜欢的。

　　和克莱尔一样，埃里克也希望拥有一段美满的婚姻，享受幸福的家庭生活。但和克莱尔不同的是，他梦想成真了。40年前，埃里克结识了自己的妻子，当时他就知道他俩是天生一对。他们的婚姻到现在都非常幸福美满，膝下共有3名子女、7名孙子孙女。埃里克对于家庭生活的欣喜溢于言表。

　　孙子孙女绝对是我们的开心果，我们的生活太圆满了。我总是跟别人说："我绝对是你这辈子见过的最幸运的人。"幸运女神似乎真的存在，她一直在眷顾我，没有比这更贴切的表达了。

克莱尔和埃里克非常典型，代表了许多参与我研究的志愿者。虽然他们有相似的期待和欲望，但是倒霉者的梦想往往都是镜花水月，而幸运者常常能轻而易举地心想事成。

我的研究表明，幸运者能实现自己的梦想和目标，绝非侥幸。命运也绝没有施展阴谋诡计来阻止倒霉者去得到他们想要的东西。事实上，幸运者能实现理想而倒霉者无法实现理想的原因在于，他们在看待自我和生活方式上存在着根本的区别。

子法则一：好运能一直延续到未来

我们对未来都有各种期待。一些人希望能快乐健康，而一些人却坚信自己今后会非常悲伤和痛苦。一些人期待能找到完美伴侣，而一些人却估计自己会不断经历失败的恋爱。一些人认为自己能在工作中表现出色，而一些人却预计自己将徘徊在职业发展的最底层。

请允许我就你的未来问一些问题。在 0%～100% 中，0% 表示此事绝不会发生，100% 则表示此事绝对会发生。你觉得自己实现人生理想的可能性是多少？20%、50% 还是 70%？你觉得下次自己拥有一个美好假期的可能性又是多少？我迫切地想发现幸运者与倒霉者的预期有何不同，以及他们与那些认为自己既不幸运又不倒霉的人的差异。当我把问题抛给幸运者和倒霉者后，我收到了一些令人惊讶的回答。

　　我给每个人发了一份问卷，询问他们认为在今后的人生中遇到各种积极事件的概率。一些问题比较常规，比如他们能否实现自己的某个人生目标。一些问题则更为具体，比如询问他们能享受下一个假期或一位失联已久的朋友突然造访的概率。部分问题会关注一些在他们掌控下的事情，比如他们和家庭成员保持良好关系的概率。而部分问题则会询问一些他们无法掌控的事情，比如他们觉得自己获得 250 美元并随意支配的概率。

运气练习 9：积极期望

　　这份问卷用来评估参与运气项目的志愿者的积极期望值。请你用一点时间完成它并将自己的得分和幸运者、倒霉者、中立者（那些认为自己既非尤其幸运又非特别不幸的人）比较一下。

　　翻开你的运气日志，在新的一页顶部写好标题"积极期望"。现在请在页面中间画一条竖线。在左边逐行写上字母 A ~ H。随后，仔细阅读问卷中的每项陈述，在每一栏右边写下你认为此事件在未来生活中会发生的概率，0 表示你认为此事绝不会发生，而 100 则表示你认为此事绝对会发生。

　　你可以写下 0 ~ 100 中的任意一个数字，只需记住一个较大的数字意味着你认为该事件更有可能会发生，而一个较小的数字则意味着你认为该事件更不可能会发生。

陈述	此事发生在你身上的概率（0～100）
A. 有人对你说你非常有天赋	
B. 虽然你年长，但是看起来却比实际年龄年轻	
C. 你能享受下一个假期	
D. 获得250美元，用于自身的消费	
E. 至少实现你人生的一个目标	
F. 你能与家庭成员发展并维系一段良好的关系	
G. 居住在其他城市的朋友拜访你	
H. 自己所取得的成就被旁人羡慕	

请不要在每个选项上纠结太多时间，诚实作答即可。

得分：

把你写在页面右边的数字相加，然后除以8，即可得到你的分数。（见下面的例子）

陈述	此事发生在你身上的概率（0～100）
A. 有人对你说你非常有天赋	85
B. 虽然你年长，但是看起来却比实际年龄年轻	12
C. 你能享受下一个假期	55
D. 获得250美元，用于自身的消费	48
E. 至少实现你人生的一个目标	80
F. 你能与家庭成员发展并维系一段良好的关系	80
G. 居住在其他城市的朋友拜访你	95
H. 自己所取得的成就被旁人羡慕	75
总分	530
得分（总分除以8）	66.25

感谢彼得 · 哈里斯教授以及马克 · 舒尔曼，授权我使用这份问卷。

我将这份问卷分发给了大量的人。

0 ~ 45 分属于低得分。

46 ~ 74 分属于中等得分。

75 ~ 100 分属于高得分。

你对于未来发生积极事件的期望情况如何呢？

下图显示，幸运者对于好事发生的期望远高于倒霉者。

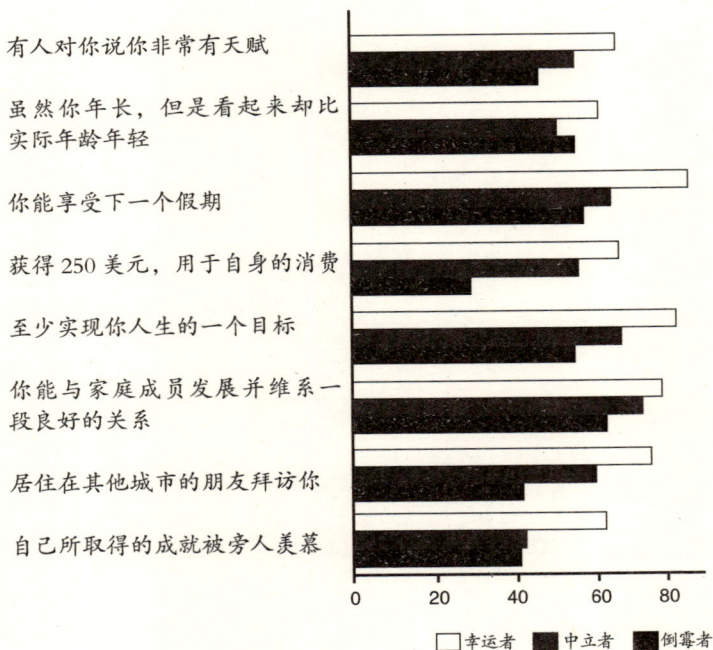

幸运者、中立者和倒霉者对生活各种积极事情的期望的概率

平均而言，幸运者认为他们有 90% 的概率在下个假期中度过美好时光，有 84% 的概率能实现至少一个人生目标，有 70% 的概率能获得 250 美元用于自身的消费。所有这些期望都高于倒霉者。并且幸运者的高期望并不局限于特定的某些问题。他们相信无论积极事件是常规还是特定，是在自己的掌控之内还是之外，他们都有很高的概率遇到这些事情。事实上，幸运者对问卷上罗列的每一项都抱有极大的期望。简而言之，他们坚信未来一定会非常精彩。

我还想研究幸运者和倒霉者对消极事件的预期。因此我询问他们对经历各种消极事件的预期，比如被人抢劫或夜夜失眠。

参与者们再次需要用 0% ~ 100% 来表示自己经历每项事件的可能性。如上次一样，不同人群间的差异是巨大的。这一次是倒霉者坚信他们非常有可能经历这些事情。事实上，倒霉者对问卷上每一项发生的概率的预期都高于幸运者。从自杀到失眠，从选错职业到过度肥胖，非常多的倒霉者相信这些事情会降临在自己身上。

运气练习 10：消极预期

这份问卷用来评估参与运气项目的志愿者的消极期望值。请你用一点时间完成它并将自己的得分和幸运者、倒霉者、中立者进行比较。

翻开你的运气日志，在新的一页顶部写好标题"消极期望"。现在请同样在页面中间画一条竖线。在左边逐行写上字母 A ~ H。随后，仔细阅读问卷中的每项陈述，在每一栏右边写下你认为此事件在未来生活中会发生的概率，0 表示你认为此事绝不会发生，而 100 则表示你认为此事绝对会发生。

你可以写下 0 ~ 100 中的任意一个数字，只需记住一个较大的数字意味着你认为该事件更有可能会发生，而一个较小的数字则意味着你认为该事件更不可能会发生。

陈述	此事发生在你身上的概率（0 ~ 100）
A. 未来会严重肥胖	
B. 每天都会失眠	
C. 觉得自己选错了职业	
D. 因醉酒而出事	
E. 患上严重的抑郁症	
F. 试图自杀	
G. 被抢劫	
H. 感染脑膜炎	

请不要在每个选项上纠结太多时间，诚实作答即可。

得分：

只需把你写在页面右边的数字相加，然后除以 8，即可得到你的分数。（见下面的例子）

陈述	此事发生在你身上的概率（0~100）
A. 未来会严重肥胖	15
B. 每天都会失眠	25
C. 觉得自己选错了职业	40
D. 因醉酒而出事	2
E. 患上严重的抑郁症	3
F. 试图自杀	5
G. 被抢劫	30
H. 感染脑膜炎	5
总分	**125**
得分（总分除以8）	**15.625**

我将这份问卷也分发给了大量的人。

1~10分属于低得分。

11~25分属于中等得分。

26~100分属于高得分。

你对于未来发生消极事件的预期情况如何呢?

这些简单的问题揭示幸运者和倒霉者看待世界的方式截然不同（如下页图所示）。在幸运者看来，未来是美好、光明的。而在倒霉者看来，未来是悲惨、黑暗的。

在本章开始时，我提到了不幸的克莱尔和幸运的埃里克。正如我研究中的许多志愿者一样，克莱尔和埃里克有许多相同的梦想和目标。他们都希望拥有一段甜蜜的恋爱，找到自己喜欢的工作。但

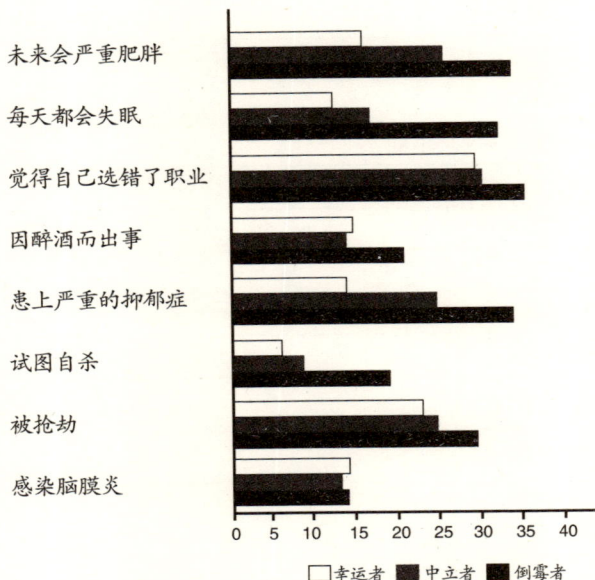

未来会严重肥胖

每天都会失眠

觉得自己选错了职业

因醉酒而出事

患上严重的抑郁症

试图自杀

被抢劫

感染脑膜炎

0 5 10 15 20 25 30 35 40

□ 幸运者 ■ 中立者 ■ 倒霉者

幸运者、中立者和倒霉者预料可能遇到各种消极事件的概率

是克莱尔的梦想到现在为止仍然只是一场幻想，而埃里克早已轻松
地实现了人生的许多目标。

克莱尔和埃里克都完成了自己对未来期望的问卷。克莱尔相信
她有极大的可能经历所有的消极事件，而埃里克坚信自己将经历那
些积极事件。两者的区别是惊人的。克莱尔说自己有 60% 的概率
会在未来严重肥胖，埃里克却认为这种事情不可能发生在自己身
上。埃里克认为自己 100% 能享受下一个假期，然而克莱尔却只给
了 10% 的可能性。两人不同的期望水平在与我的访谈中也有所体现。
如同许多倒霉者一样，克莱尔相信自己天生就很倒霉，并且认为自己的未来一片黑暗。

　　我曾经找过一位具有阴阳眼的灵媒，她对我说，我出生时处于天秤座错误的宫位。她告诉我，天秤座是唯一一个拥有正负两面的星座。而我出生在天秤座的消极面。所以我认为我所做的任何一件事情都会出问题。每当我想要买彩票时，我都会想："唉，我肯定不会中奖的。"在20世纪80年代中期，我曾写了两本书。如今，新书我正写到一半。但要知道，我一年半之前就开始写这本书了，整整一年的时间我只字未动。我希望它能出版，但我对能找到出版商一事不抱太高的期望。

　　与克莱尔相反，埃里克对于未来会发生的事情抱有积极乐观的态度。

　　我总是相信未来充满光明。我坚信一切都会很好。我当然也失败过，但尽管如此，我依旧相信福祸相依，所以总是会微笑面对。有些人在幸运降临时却无法意识到它。他们向窗外张望，说："噢，天啊，今天又是阴雨绵绵。"但当我看到雨天时，我会想："噢，太棒了，我养的那些花明天就会开了。"

　　幸运者和倒霉者对于未来有着截然不同的期望。这些期望很大程度上解释了为什么一个群体能不费吹灰之力地实现各种梦想，而另一个群体却难以心想事成。在我去说明这些预期如何对他们的生活产生巨大影响之前，我觉得有一件非常重要的事情需要去完成。那就是去理解为什么幸运者和倒霉者对于未来等待自己的事情会有如此不同的想法。

假设几周前，你递交了求职信，想要得到一份梦寐以求的工作，最近你收到了公司的回信，邀请你参加面试。打开信之后，你花了几分钟时间思考了自己得到这份工作的可能性。你也许会想，自己是否能预测到面试中可能被问及的问题，自己是否具备这份工作所需的技能，或者你是否能在面试中出色发挥。你也许会觉得这些问题并不难回答。你清楚自己是否善于准备面试，拥有职位所要求的技能以及良好的表达技巧。

许多其他会影响你是否能得到这份工作的因素往往更加难以预料。你也许会因为意料之外却又难以避免的延误而导致面试迟到。你也许会因为一场突如其来的倾盆大雨而浑身湿透，导致面试表现失常。你也许在走进面试房间时被凸起的地毯边缘意外绊倒，从而给面试官留下糟糕的第一印象。你无法预测这类事件。它们可能会发生，也可能不会发生。

现在请想象一下如果你特别幸运或倒霉，你的人生会是什么样子。假设你特别幸运，所有这些不可预料的事情都对你有利。你会准时出席面试，外面阳光普照，地毯的边缘也非常平整。假设你特别倒霉，所有事情都对你不利。你面试迟到，外面乌云密布，地毯的每个边都翘起与你作对。事实上，这些看似不可预料的事情所产生的负面影响都会成为人生中某些注定的事情。

这就是幸运者和倒霉者对未来有着如此截然不同的预期的原因之一。幸运者相信这类难以预料和不受控制的事件始终会对他们有利。而倒霉者却恰恰相反：他们认为，这些事件，无论受不受他们的控制，都会对自己不利。正如我们在第一章看到的，运气影响着人们生活的方方面面。这并不意味着他们只在求职面试时是幸运的或是不幸的。运气还影响着人们的健康、事业和财务状况。幸运者坚信太阳将始终照耀自己，而倒霉者则觉得乌云正笼罩自己的个人生活和职业发展。

还有一个原因导致了幸运者和倒霉者对未来的预期产生如此极端的差异，那就是绝大多数人会将对未来的预期基于过往的经历。如果你身体一直都很健康，那么你很有可能会觉得自己的身体未来依旧会很健康。如果你之前在求职面试中发挥出色，那么你很有可能会觉得自己在未来依旧能表现优异。幸运者和倒霉者都是如此。幸运者认为，如果他们的航班之前都能准时到达，那么它们在今后也能准时到达。倒霉者认为，如果他们在之前的职位面试中表现糟糕，那么他们在今后的面试中依旧会延续糟糕的表现。但当倒霉者遇到幸运事件，幸运者遭遇不幸事件时，情况又会变成什么样呢？这一定会使他们对未来的期望变得不那么极端吗？

事实并非如此。问卷的结果令人诧异。幸运者会觉得生活中的厄运只是暂时的。他们不会把它们放在心上，不让它们影响自己对未来的期望。而倒霉者则坚信自己生活中的好运气只能短暂持续一段时间，厄运很快又会接踵而至。先前我们结识了不幸的克莱尔。她在感情生活上一直都很倒霉，也一直无法找到一份满意的工作。我曾问过她，生活中发生的幸运事件是如何影响她对未来的期望的，她的回答是：

我真的坚信如果生活中有好事发生，那么坏事也会紧随其后地发生。如果我生活中有好事发生，我会感到非常惊讶，因为我一直都与霉运相伴。如果我彩票中奖了，我就会想，奖金一定会被别人冒领或者自己实际上并没中奖，等等。当你长久以来一直都霉运连连时，你就会不自觉地有这种想法。你不可能变得幸运。

这个观点不断地在我与倒霉者的访谈中出现。正如另一位倒霉者说的：

就好像如果事情都能如我所愿般发生，那么一定会有人用他的大脚狠狠踩着我的脸说："噢，不，这家伙太开心了。"然后情况彻底反转。如果我当时正准备享受生活，我会再一次被推回厄运的泥潭。我一直都很好奇接下来会发生什么，等待我的又会是什么。我觉得自己不应该这样想。自己应该这样想："噢，这太好了，我希望好运能一直持续。"但是我真的没有办法这样想。

倒霉者认为任何发生在他们身上的好运都会迅速消失，他们的未来仍然是暗淡、苦涩的。幸运者则认为生活中遇到的任何一件倒霉的事情都是暂时的。因此，他们能一如既往地期待拥有一个光明、幸福的未来。

这些与众不同且极端的期望对人们的生活会造成什么影响呢？我们的期望对我们的思维、感觉和行动都会产生重大的影响。它们能影响我们的健康状况，影响我们对待他人以及他人对待我们的方式。我的研究表明，幸运者与倒霉者的一些特定的期望对他们的生活有着巨大的影响。幸运者对未来的独特思维方式使得他们比旁人更容易去实现自己的梦想和目标。同样地，倒霉者对未来消极的期望导致他们很难在生活中心想事成。

这一切都是因为，人们对未来不同的极端期望最终会变成一个个自证预言。

假设你现在心情有点低落，因为你刚搬到一个新社区，发现身边没什么朋友。出于好玩，你决定拜访当地的算命师，想预知自己的未来。算命师收完费后，凝视着她的水晶球，微笑着说，你的未来一片光明。她告诉你，在数月之内，你会结交到许多亲密、忠诚的朋友。算命师的话打消了你的疑虑，你离开时的心情比来之前好了很多。因为你现在对未来充满自信，感到很开心。你更爱笑了，更愿意出门，和更多的人交流。简而言之，你开始了一种能极大增加你结识朋友可能性的行为。几周之后，你发现你身边真的有一群好朋友，于是逢人就推荐那位算命师。事实上，那名算命师很有可能无法预知未来，但她却能创造未来。她的话影响了你对自己社交的期望。这相应地也使你的行为极大地增加了这些期望变成现实的可能。你的期望成为一个自证预言。

研究显示，这些类型的自证预言能改变我们生活的许多方面。在一个著名的实验中，心理学家对一位高中教师说，他们班上有一些孩子属于"大器晚成"型，这类孩子很可能在今后有优异的表现。实际上，这些学生没有什么特别的地方——他们都是被随机选择的。研究者随后研究了老师对这些学生的期望在未来的几个月时间里对学生产生何种影响。老师在不知不觉中会给这些学生更多的鼓励和表扬，允许他们在课堂上提出更多的问题。这使得这些被随机指定为"大器晚成"型的学生能更好地完成学校作业，并且在智力测试上比其他学生获得更高的分数。老师的期望使得他们的行为发生转变，从而将期望化为现实。

自证预言不光能影响孩子们在学校的学习表现，还会影响我们的健康状况、工作表现、我们对待他人的方式以及他人对待我们的方式。事实上，它在很多时候都对我们生活中的许多方面产生影响。我的研究揭示了，幸运者和倒霉者所持的截然不同的期望极有可能会变成自证预言。这也解释了为什么幸运者总能实现自己的梦想，而倒霉者却很难如愿以偿。

期望的力量

我们的期望会影响我们的思维和行为。请快速浏览下面的句子：

春天

里的

的巴黎

　　大多数人都会把这个句子看成"春天里的巴黎"。事实上，如果你细看，你将发现它实际上写的是"春天里的的巴黎"。然而，我们并没有想过一个句子里面前后会出现两个"的"，因此我们容易把这句话看成我们期待中想要看到的样子，而不是它真正展现出来的样子。

　　另一个巧妙的实验表明，人们的期望甚至能影响反应的时间。志愿者被随机分配到两个小组。第一组被要求在灯亮时按下开关。他们被要求尽力做到最好。第二组则被要求将自己想象成一名反应迅速的战斗机飞行员。他们的任务和第一组相同，在灯亮时按下开关。令人惊奇的是，第二组的反应速度比第一组要快。第二组人希望自己能更出色地发挥，因此他们的期望影响了自己的表现。与此相同，幸运者也期望能在生活中有出色的表现，这些期望对他们的成功起到了重要的作用。

子法则二：机会渺茫也不放弃

　　让我们来讨论一下自证预言对幸运者和倒霉者的生活最直接的

影响。我之前描述了倒霉者会觉得自己的生活将始终充满痛苦和失败。他们确信自己无法通过考试，找不到喜欢的工作。更糟糕的是，他们相信自己无力去改变这些即将发生在自己身上的厄运。他们坚信自己很倒霉，认为倒霉的人将一直厄运连连。这些信念很快就能使他们失去希望，举手投降。

一个简单的例子就能说明问题。我们先前在这本书里结识了幸运的竞赛获胜者林恩、乔和温蒂。他们都赢得了大量的奖项，他们都把自己大部分的好运气归结于大量的参赛机会。正如乔曾说的："你必须先参加，然后才可能会赢。"许多倒霉者辩解说，他们从不参加任何竞赛或购买彩票，是因为他们坚信自己的霉运会阻止他们取得胜利。23岁的露西是一名倒霉的学生，她曾对我说：

我记得，即使是小时候，我也不会报名参加任何比赛，因为我觉得自己从来就没赢过任何东西。7岁那年，小学组织了一场游园会，我父母坐在观众席上。我妈妈为了我参加了一个比赛。组织者最后宣布我是获胜者。但我并没有参加比赛，参赛的是我妈妈。我觉得，我并没有获奖，获奖的是我妈妈。

显然，倒霉者对比赛的期望很有可能变成自证预言。因为他们没有参加比赛，所以他们极大地降低了自己获胜的机会。相同的态度也会影响他们生活中的许多重要方面。因为倒霉者缺乏改变自己生活的尝试，所以他们对未来的低期望就很容易变成痛苦的现实。

另一位倒霉的学生曾经有着一连串挂科的记录。对于近几个月即将要参加的一些考试，她是这样描述自己的期望的：

我坚信我无法通过这些考试。我通常在考试中就是一个失败者，我会觉得："我参加这些考试是没有任何意义的，我注定了会失败。"我之前不参加考试也是因为我单纯觉得这样做没有意义。我之前甚至都不想去好好备考，因为我始终觉得自己无法通过考试。

另一位倒霉者说自己连一份工作都找不到。我请他谈谈对未来的期望：

我知道我永远都找不到一份工作，因此我从未努力去找工作。我放弃找工作这件事。我以前每周还会浏览报纸，看看招聘启事，但现在我会想："这一切都是没有意义的，我这辈子都无法找到一份合适的工作。"即使我找到了，也会出现各种问题，一切都是注定的。我就是倒霉。倒霉的人就是我。

这些想法让我们能更深入地了解倒霉者是如何在生活中制造如此多的厄运的。如果他们不参加一项考试，那么他们势必无法通过。如果他们不去找工作，那么他们必然会一直处于失业状态。如果他们不愿意出去约会，那么他们也减少了找到伴侣的机会。他们也再次说明了自证预言的力量。倒霉者坚信自己一定会失败，以至于他

们通常都不会去试图实现自己的目标。这也相应地使他们的消极期
望成为现实。

我在研究中设计了一个简单的实验去验证幸运者和倒霉者的期
望会如何影响他们完成一个简单目标的努力程度。我给幸运者和倒
霉者展示了相同的两套智力玩具。每套智力玩具都是由两个互相紧
扣的金属环所构成的。我告诉他们，有一套智力玩具中的金属环是
可以分开的，而另一套则不行，但我并没有告诉他们哪套可以、哪
套不可以。随后我对他们说，我已经通过掷硬币的方式提前决定好
他们需要去解密哪套玩具，并把这些玩具发到了他们手上。事实上，
每个人拿到的都是相同的一套智力玩具。我请他们先观察这套智力
玩具，判断它们是否可以被解开。结果令人吃惊。超过 60% 的倒霉
者觉得这套玩具无法被打开，只有 30% 的幸运者觉得无法打开。这
就好比在生活中的许多方面，倒霉者甚至在还没开始时就已经选择
放弃。

我同样非常好奇幸运者的预期是如何影响他们的行为的。如果
他们坚信自己能在面试中表现优异，他们也许会变得过于自信，不
去花时间精心准备。这也是有可能的。但有趣的是，我并没有找到
一丝这样的迹象。幸运者对未来的期望并没有导致他们做出一些偏
激的行为。相反，他们积极的期望激励他们掌控自己的生活。他们
也会在生活中试图去得到任何他们想要的东西，即使成功的可能微
乎其微。

我职业生涯中一次幸运的突破背后也蕴藏了这个简单的理念。

我在学术领域开始第一份工作后不久，就收到了一封彻底改变我人生轨迹的电子邮件。绝大多数的英国大学的学术机构都收到了这封邮件。发件人是一群电视制片人和记者，他们想要通过组织一场公众参与的大型科学实验来宣传科学。邮件中说明 BBC 电视台和《每日电讯报》将负责这场实验，到时会有超过 1800 万观众参与其中。该邮件希望各大学术机构能写信反馈想要看到的实验类型。我当即就觉得进行一场大型的测谎研究一定会非常有趣。我快速记录了一些要点，例如如何让观众收看一小段某人正在说真话或者假话的视频，随后让观众通过电话的方式告知自己的判断，觉得那个人是否诚实。与此同时，我也想到了另一个非常有趣的方式，即把视频的文字稿刊登在报纸上，随后让读者来做出判断。我差一点就没有回复自己的想法，因为我觉得成千上万个学术机构都会提交他们的方案，我的想法被选中的概率真的非常渺茫。虽然我这么想，但最终还是决定将自己的想法发送出去，因为如果我不报名参加竞选，那么我就连获胜的希望都没有。几周过后，我欣喜地发现自己的方案居然被选中了。

我设计的实验由 BBC 电视台现场直播完成，同时也在《每日电讯报》上刊登。实验非常成功，得到了成千上万人的响应。最终我把实验结果发表在了一本著名的科学期刊上，每年都受邀设计并开展许多其他大规模的实验。这一切都是因为虽然我当时认为成功的概率非常小，但是我最终还是决定提交自己的想法。

运气、自证预言和健康

自证预言也极大地影响了幸运者和倒霉者生活中另一个重要领域——他们的身体健康。我之前在本章描述过一项调查，它的结果显示，倒霉者可能会面临各种健康问题，包括超重、严重失眠和酒精引起的各种问题。更加糟糕的是，他们通常坚信自己对这些情况无能为力。他们天生就很不幸，因此他们相信不幸的人注定过着不健康和不成功的生活。与之相反，幸运者期望自己未来能健康长寿。当涉及健康问题时，如同生活中其他的领域一样，他们期望自己能非常幸运。

大量的研究已经显示，这类期望能够对人们的健康产生显著的影响。就像一些倒霉者因为认定自己会失败所以不去参加考试，因为坚信自己找不到工作所以不去找工作一样，那些认为自己会生病的人觉得保持健康是没有意义的。他们不会试图去戒烟。他们通常不运动或平衡饮食。他们也不会参加保健项目或在不舒服时就医。他们认为自己注定会生病，他们对此也无能为力。那些对未来有更积极期望的人是怎么想的呢？他们的高期望也有可能会造成他们出现一些高风险的行为。或许他们会因为坚信自己绝不可能得癌症，从而对自己是一名老烟枪的事实一点都不焦虑。或许他们也可能因为太自信自己不可能感染一些性病，所以在性爱过程中不去采取必要的防范措施。研究表明这一切都是臆想，真相远非如此。对未来抱有积极期望的人倾向于采取各种方法来拥有健康的生活。他们会多做运动，均衡饮食，采取恰当的预防措施以及关注健康建议。

这些信念和行为的作用非常巨大。芬兰的一个研究院将 2000 多名参与者分为 3 组——"悲观"组认为未来一片黑暗，"乐观"组对未来有更高的期望，"中立"组对未来的期望既不乐观也不悲观。随后他们对 3 组人进行了为期 6 年多的跟踪调查，最终发现，相比"中立"组，"悲观"组里有更多的人死于癌症、心血管疾病和意外事故。而"乐观"组的死亡率明显低于"悲观"组和"中立"组。

在第三章，我们了解了倒霉者的焦虑感为何会比中立者及幸运者要高。这些差异也导致自证预言对幸运者和倒霉者的健康产生巨大的影响。研究表明，焦虑感严重的人通常更容易碰到各种意外事故，无论是在家还是在工作场合，焦虑的人无法将注意力集中在手头的事情，他们通常会担忧各种可能的问题，而不是关注身边正在发生的事情。因此，倒霉者会遭遇更多意外事故也就不足为奇了。此外，一些研究也表明，这种焦虑感也会影响身体的免疫系统，降低身体抵御疾病的能力。简而言之，倒霉者对未来的期望使得他们感到焦虑，这些焦虑感使得他们会面临比他人更多的意外事故和疾病困扰。幸运者却恰恰相反。他们对待生活的态度更为放松，因此他们遭受意外事故或患上与焦虑相关疾病的可能性就会低很多。

倒霉者除了焦虑感处于高水平外，他们的信念也使得他们在生活中的某些特定阶段会变得尤为焦虑。最近，一篇发表在《英国医学杂志》上的文章报道了华裔和日裔的美国人在每月 4 号死于慢性心脏病的概率比平常高 7%。美国白人的死亡率从来没有达到过这个数值。由于日本人和中国人认为 4 是不吉利的数字，研究员认为，在承受一定心理压力的情况下，心脏病的死亡率会增加。研究员把这一效应命名为查尔斯·巴斯克维尔效应，查尔斯是阿瑟·柯南·道尔小说《巴斯克维尔的猎犬》中的主人公。他在巨大的心理压力下患上了严重的心脏病。

我并非暗示幸运者和倒霉者对生活的态度彻底决定了他们的身体健康水平——一些疾病与我们的信念和行为没有相关性。但是，人们对未来自己会走好运还是厄运的期望给他们自身健康的许多方面带来巨大的影响。

通常，幸运者的高期望值也会激励他们在面对逆境时依旧坚持不懈。在本章一开始，我们认识了埃里克。埃里克实现了许多人生目标，包括拥有美好的爱情、幸福的家庭生活，以及能不断地找到自己喜欢的工作。埃里克认为积极尝试去实现梦想是非常重要的。

你的态度决定了你的运气。如果你足不出户、无所事事，那么你将一事无成。但如果你走出家门，努力去实现梦想，那么梦想也会找到你。我坚信自己很幸运。即使某些事情有时看起来有点糟糕，我相信它们一定会变好的。只要你坚持为之奋斗，只要你不断去解决问题，尝试寻找解决方法，那么你会发现你渴求的运气最终一定会到来，助你一臂之力。

　　研究中许多幸运者也表达了类似的观点，其中就包括马文，他是一名 33 岁的私家侦探。马文的一生都非常幸运。他接二连三地实现了自己一个又一个目标，有时甚至是在逆境的情况下，也能梦想成真。马文将自己大部分的好运气归功于自己对未来的高期望。并且他强调了自己对于想要的事物会竭尽全力去努力得到，这点在他看来真的非常重要。

　　我只是相信一切最终都会变好。我相信自己会中奖。我或许中不了 1000 万美元，但是我知道自己一定能有所收获。但你必须去尝试。如果你不去买彩票，那么你就不可能中奖。你生活中的其他方面也是如此。如果你希望自己能成为幸运儿，那么你就会变成幸运儿。这是一种心理状态。我父母对我有很大的影响——我从小就相信，如果你对自己足够有信心，并且始终能积极乐观，那么你就能心想事成。

　　马文的坚持显然得到了回报。虽然他没能通过学校的木匠考试，但他投递了简历，申请在一家大型造船厂从事木匠的工作。马文满怀希望地参加了面试。他的热情赢得了面试官的青睐，得到了这份工作。后来，他决定要成为一名私家侦探。虽然他缺乏正规的训练和经验，但他还是给所在城市的每一家侦探事务所写了自荐信，不过他连一个回复都没有收到。然而马文并没有选择放弃，相反，他穿上了自己最好的西装，拜访了自己所在区域里一家大型的侦探事务所。当马文走进事务所的时候，负责人碰巧就在休息室里。于是马文就与对方进行攀谈。负责人很喜欢马文，所以给他提供了一个职位。短短数小时后，马文离开的时候已经拥有了刻有自己名字的办公用具、商务名片和一份梦寐以求的工作。

我开展了一项实验研究幸运者和倒霉者的期望会如何影响他们在解决难题时所能坚持的时长。我在自己关于运气研究的电视节目中进行了这项实验。我邀请幸运者和倒霉者分别来到我的实验室。我向他们展示了节目组为此次实验专门设计的大型解谜游戏。它由一系列的图形组成，通过组装拼成一个巨大的立方体。我告诉他们，等他们离开房间，我就会把这个立方体拆开。随后，他们将被挨个叫进实验室，尝试将这些碎片重新拼成一个立方体。他们拼多久都可以，但事实上，他们几乎是不可能拼成功的。我想知道的是，每个人在失败前能够坚持多长时间。

一共有 3 名幸运者和 3 名倒霉者参与了这项实验。我先前在第三章的时候曾提到过其中的两个人——马丁和布伦达。他们俩之前也参加了一项实验，用来证明幸运者和倒霉者的性格是如何使他们能创造并留意生活中的各种机遇的。在那个实验中，幸运的百万彩票得主马丁留意到了我们提前放置在路边的 5 英镑纸币，并且在咖啡店里与一位成功的商人进行了攀谈。当他面对解谜游戏时，会如何表现呢？不幸的布伦达当时没能留意到我们事先放置在路边的 5 英镑纸币，她也没有和咖啡店的任何一个人进行闲聊。那么她会在这个解谜游戏中坚持多久呢？除了马丁和布伦达外，还有 4 名志愿者参与了实验。不幸的克雷格出了名地极易遭受各种意外事故，每当度假的时候总是厄运缠身。迷人的舞者萨姆在爱情方面特别倒霉。她有过很多任男友，但至今都没找到理想的伴侣。幸运的伯纳德是一名职业登山家，他曾遭遇多次雪崩和摔落山崖，但最终都能幸免于难。幸运的彼得曾两次在"确定击球点"的比赛中赢得大额奖金。

我通过闭路电视观察每个人解谜时的表现。第一位是彩票大奖得主马丁。因为他运气很好，所以我预期他能坚持很长一段时间。事实上，他走进实验室后，清点了积木的数量，发现少了一块积木。于是他觉得试图完成这个拼图游戏是没有任何意义的，因为这是一个不可能完成的任务。马丁建造房屋的能力一定有点糟糕，因为他数错了积木的数量，从而错误地判断这个任务是无法完成的。这对我的理论来说是一个糟糕的开始。幸运的是，其他几位志愿者的表现证实了我的预测。不幸的克雷格、萨姆和布伦达不到 20 分钟就都放弃了。相反，幸运的伯纳德和彼得都坚持了更长的时间。事实上，即使过了 30 分钟，两个人都没有丝毫放弃的迹象。两个人都要求有更多的解谜时间。最终，我决定打断他们的努力，但我有问他们还希望坚持多久。他们两人都告诉我，无论花多长时间，他们都希望能继续下去，直到完成这个任务。

我的研究表明，幸运者和倒霉者的期望决定了他们是否能实现自己的各种人生目标和梦想。在倒霉者的预期中，事情总会往不好的方向发展，因此他们通常在开始前就已选择放弃，面对挫折时很难坚持下去。在幸运者的预期中，事情总会往好的方向发展，因此他们更容易去实现自己的目标。即使成功的机会看起来很渺茫，他们选择坚持下去的可能性也更大。事实上，这些差异导致了他们生活中许多幸运或不幸事件的发生。这些差异能左右他们能否在竞赛中获胜，能否在重大考试中通过，以及能否找到相爱的伴侣。

子法则三：与他人的相处能很幸运和成功

目前，我已经说明了幸运者和倒霉者对未来的极端期望会影响他们的思维、感觉和行为，幸运者更有可能去实现自己的目标以及面对挫折时能坚持更长时间。但是想要揭秘运气这个谜题，还有最后一块重要的拼图急需探索。它是自证预言中的最后一种类型，能解释为什么幸运者能频繁地在生活中实现自己的目标，而倒霉者却不能。这块拼图就是我们对待他人的方式，以及他人回应我们的方式。

一个简单的例子可以说明其中的核心理念。假设你要出席一次相亲活动。你答应和一位朋友的朋友在餐厅见面。你对即将见面的对象一无所知。但你朋友曾对你说，你的相亲对象很友善、可爱和外向。让我们分析一下这些期望如何影响你的行为。

假设你走进了餐厅，找到了约定的餐桌，随后与你的相亲对象对面而坐。很多事情以惊人的速度发生。首先，因为在你的预期中，你的相亲对象很友善，因此你很开心，所以你会笑脸待人。随后，当对方看到你的笑容后，立即判断你对这次相亲感到很开心。于是对方对你的印象会更好，因为你看上去对他（或她）的评价也很正面。接着，因为你的相亲对象对你的印象很好，于是他（或她）也会对你微笑。最后，当你看到对方的笑容，这再次印证了对方的确很友善这个评价。这一切都不知不觉地发生在你们两人刚见面的几秒钟之内，那时你们都尚未开始交谈。

这个简单的例子展现了我们的期望是如何使我们与他人相处，最终使我们的期望成为现实的。你期望相亲的对象很友善，这个想法使你不自觉地微笑。而对方为了回应你的微笑，也会显得很友善。我们也能轻而易举地想象出截然不同的情况。假设你被告知，你的相亲对象出了名地不友善。如果是这样，那么你很可能对这次相亲没有什么期待，因此在第一眼看到对方的时候也不会有笑容。这也使得对方不会朝你微笑，强化了对方很不友善的判断。这个想法影响巨大。我们对他人的预期会影响我们对待他人的方式以及他人给我们的反馈。我们对他人会有所期待，事实上对方也会因此兑现这些预期。这些自证预言所产生的影响远不仅是我们与他人第一次见面时是否会微笑。

让我们再多分析一下你的相亲过程。在交换了初次微笑后，你们两人开始聊天。由于先前你被告知你的相亲对象非常外向、善于社交，你的期望再一次影响你和对方的相处方式。你也许会询问对方最近是否参加了任何有意思的聚会或是否享受与他人聊天交谈。

你的这些行为再一次影响对方的言行。这类问题会鼓励对方谈论各种聚会和人物，打消对方想告诉你自己其实喜欢读书、喜欢独处的事实。你的预期会再一次提高你的相亲对象展现你期望中言行举止的可能性，从而让你的预期成为现实。

这一理念同样适用于幸运者和倒霉者对他人所采取的不同相处方式上。幸运者期望遇到的人都很有趣、快乐和幽默。他们期望彼此能和谐相处。倒霉者则与之相反。他们坚信自己遇到的人注定都很失落、悲伤和无聊。这些截然不同的预期影响了他人给出的回应。从长远的角度来看，这很大程度上决定了幸运者与倒霉者在今后的个人生活和职业发展中的幸福、成功程度。

在工作中，幸运者期望周围的合作伙伴都非常能干和高效，他们期望双方的会面能成功且双赢。相反，在倒霉者的预期中，他们的同事和客户都不太能干，彼此之间的合作也很难成功。研究表明，当涉及商业交易时，这些期待显得尤为重要。

在一项研究中，面试官拿到了一些申请者的求职简历，并要求评判每个人好坏与否。随后他们面试求职者的过程会被全程录像。当面试官对面试者有高预期时，他们往往表现得非常友善，给出了更多的正面反馈，语调也更高昂激动。当面试者不太符合标准时，他们的言行在不知不觉中会显得不太友好。他们不太给出正面的反馈，语调也显得低落丧气。这些差异会使得面试者给出不同的表现。和一位积极的面试官沟通时，面试者会与对方形成一个更友好的关系，展露更多的微笑，从而留下一个更好的印象。简而言之，面试官的预期会影响求职者的行为表现。积极的预期能帮助人们展现出自己最好的一面，而消极的预期会导致最糟糕的表现。

研究一再显示，管理者的预期会对员工的生产力产生深远的影响。对下属有高期望值的管理者能激励身边的员工表现优异，而那些低期望值的管理者会使得员工效率低下、垂头丧气。这个现象在不同的行业领域和管理规模中都得到了体现，从保险业到通信业，从 CEO 到初级的管理员。在商业世界里，期望也能成为自证预言。

这类自我实现的期望所产生的作用并不局限于商业世界。在另一项研究中，男士被要求拨通一名女士的电话，进行 10 分钟的电话沟通。事先，男士会拿到两张女士照片中的一张，并得知她就是接下来要通话的对象。一张照片中的女士很漂亮，另一张则很丑。事实上，和所有男士通话的女士都是同一个人。但是认为自己通话对象是美女的男士会表现得更为外向、爱社交。同时，他们的言行也直接影响了女士的应对表现。研究员随后将女士的对话部分播放给其他人听，并让他们评判该女士的美貌程度。

这些人评定的美女，往往是在跟那些认为她是美女的男士进行电话沟通的。这些人评定的丑女，往往是在跟那些认为她是丑女的男士进行电话沟通的。男士的预期导致了他们特定的表现，而这些言行又会影响女士的表现，从而使得男士的预期变成现实。

正如实验中男士的预期会影响他们对女士的说话方式，以及女士所给出的回应，幸运者和倒霉者的极端预期对他们的人际交往也会产生巨大的影响。

来自加利福尼亚北部的吉尔就是一个明证。吉尔今年23岁，是一名待业青年。她在生活中的许多方面都很倒霉，尤其是在求职面试中。

我一直以来都很倒霉。我一直试图找到一份体面的工作来养活自己，并出人头地。但当下的经济真的不景气，所以一年前我大学毕业时，用人单位都没有招人。过去一整年，我真的非常努力地在找工作。我相信自己会成为某家公司的宝贵财富。我觉得自己非常聪明，有很多想法，能做出很多贡献，我的人际交往能力也很好。我大约参加了25场面试，从销售到市场再到公共关系，但是没有得到任何一份工作。这有时会让我觉得一切都无法得到好转，而事实也的确如此。因为好像无论什么事情从来都不能如我所愿般发生。我开始觉得自己非常倒霉，逐步相信自己永远都找不到一份工作。这影响了我在面试中的表现。我甚至觉得自己为什么还要参加面试，很显然没有人会雇用我。我接着又会想，自己必须比前面的那些求职者更加努力。于是我承受了巨大的压力，面试官都能看出我的紧张。我无法做出正确的回答，或许正确的回答就在我嘴边，但因为我太紧张了，所以我没办法说出口。

幸运者却截然不同。许多幸运者都描述了自己的高预期是如何帮助他们在生活的许多领域取得巨大的成功。李就是很好的例子。在书中，我描述了李在生活的许多领域都非常幸运。他在许多事故中都幸免于难，他与妻子的相识也非常偶然。李最幸运和成功的地方要数他担任市场营销经理的工作经历，他收获了许多荣誉和赞美。在先前的章节中，我曾表示，他将自己的成功很大一部分归功于良好的直觉。但这并非他成功的所有原因。他也会运用一种方法来创造自己对未来的高预期。他把这种方法称为"梦中许愿"。

如果我想得到一样东西，我就会在梦中幻想得到了它。我之前在生意场上遇到销售竞争时就会运用这个方法。我会梦到自己赢得了项目。我会让自己在夜晚躺在床上开始做梦，许下心愿。即使离最终的结果公布还有半年的时间，我依然会尝试在梦中许愿。我甚至在拿起听筒前就已经设想好了对话内容。当我就座后，甚至会想象对方会以积极的态度和我沟通。无论我是否认识对方，我都会相信并想象他（或她）会和我达成共识。在许多培训课程中，每当我提及"梦中许愿"这个方法时，人们都哈哈大笑，可能觉得："噢，他一定是疯了！"但每次我尝试这个方法，销售额立刻就会猛增。因此我会一直运用这个方法。我已经靠这个方法收获了许多积极的回馈，并取得了巨大的成功，因此我确信这个方法很有用。

李的"梦中许愿"帮助他在脑海中创造了正面的预期，期望自己能和他人有积极有效的沟通。这些期望通常都能成为自证预言，使他能实现自己的目标和梦想。

幸运者也表示，在个人生活中，他们期待遇到的人都能有趣、幽默和富有魅力，期望自己能与这些人友好相处。这些期望极易变成自证预言。最不同寻常、最具有说服力的例子或许就是安德莉亚的经历。她来自加利福尼亚州纳帕，是一名 25 岁的行政管理员。在一次访谈中，安德莉亚这样描述自己美好的人生：

事情往往都能按照我的意愿发生，这真的太不可思议了。这种感觉真的太美妙了。我相信自己无论走到哪里，总是能找到一个住的地方、一份工作。因为事实通常就是这样发生在我身上。这给了我极大的自信和能力去环游世界。无论我走到哪里，我都能找到一份工作。从 16 岁得到第一份工作开始，我只要走进用人单位，随后就会被立刻雇用。

我的大部分运气都集中在感情生活上。我大约在 15 岁的时候开始和男生约会。我长相还可以，不是特别难看。但是我的恋爱对象按常理来说都是我遥不可及的人。我所要做的就是坐下来，然后和某人开始交谈，他可能与我完全不是一路人。但我只需坐下，我们就能自然而然地开始闲聊。我的约会对象很多都是城市里出了名的精英，他们非常有趣、幽默、富有活力。我前不久刚刚订婚，未婚夫特别优秀。

安德莉亚显然拥有神奇的方法能和遇到的人快速建立亲密且积极的关系。我询问她在认识新朋友时内心的期望。同许多幸运者一样，她告诉我，她期望对方能友善、开朗和体贴。但和许多幸运者不同的是，这些期望最终都以一种不同寻常的方式得以实现。

我父亲在我 7 岁时就去世了。你可能会觉得，这对一个小女孩来说是最沉重的打击。我很长一段时间里也是这个想法。但是当我现在重新回顾父亲的去世，我意识到，它也是一种另类的祝福。我所有的老师都觉得他们需要不断地关心、爱护我，因此我得到了许多额外的帮助和照顾。我遇到的成年人都用最大的善意对待我。这些就是我对于成年人的最初印象，而这也让我的生活变得多姿多彩。在我的期望中，人们都很乐善好施。我觉得这是因为我遇到的每个人都非常善良，至少在我小的时候。你需要让自己相信这些事情。

父亲在她小时候的不幸离世使得安德莉亚遇到了许多善良的成年人。这些经历使得她期望自己长大后遇到的人也会非常善良。而这种期望也使得人们以一种积极正面的方式来对待安德莉亚。这个例子充分证明了幸运者的期望是如何成为一个自证预言，帮助他们实现许多目标和梦想的。

运气练习 11：你的运气档案——法则之三

还记得你在之前完成的运气档案吗？这份问卷上的第六、第七、第八项与我们这章所讨论的子法则相关。第六项询问了你对于未来是否光明的预期程度，第七项询问了在机会渺茫的情况下你是否依旧会尝试得到想要的东西，第八项则关注你与他人交往时的态度。

得分：

请重新看下你当时在这 3 个陈述中的得分情况，把它们的数字相加，得到一个总分（如下表所示）。它就是你在第三项幸运法则上的得分。

陈述	你的得分（1 ~ 5）
6. 我总是盼望好事有一天能降临在我身上。	3
7. 即使希望渺茫，我也想要去追逐自己渴求的事物。	4
8. 我希望我遇到的人都能友善、热心。	4
第三项幸运法则的总得分	**11**

现在请对照下表，看下自己的得分属于高、中、低的哪一等级。请在你的运气日志里记下得分与等级，我们稍后讨论哪些是增强你生活中运气的最佳方式时，这些数据会非常重要。

11= 中等得分

我邀请了大量的幸运者、倒霉者和中立者完成他们的运气档案。幸运者在这些项目上的得分高于其他人。倒霉者更容易得到最低的分数。（见下表）

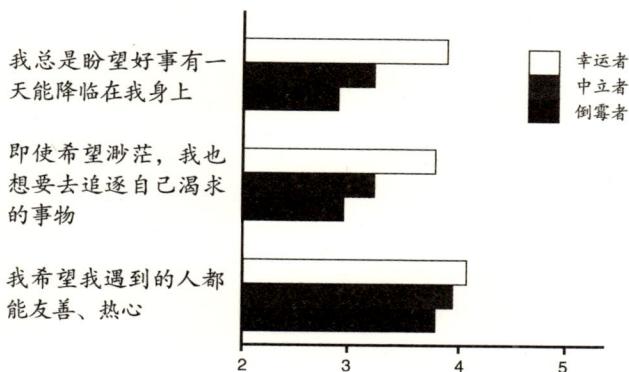

幸运者、中立者和倒霉者在"运气档案"问卷中的平均得分

总结　激活好运的有效方法

幸运者和倒霉者似乎生活在完全不同的世界里。无论多么努力，倒霉者似乎就是不能实现自己的目标。而幸运者轻而易举就能实现自己的人生目标和梦想。我的研究也显示，两组人群对未来有着截然不同的期望。倒霉者确信他们的未来一片灰暗，同时觉得自己对此也无能为力。幸运者则完全不同。他们坚信未来一

片光明，美好的事物正等待着他们。这些不同寻常且极端的期望对人们的思维、行为会产生巨大的影响。这些期望决定了人们是否会尽力去实现自己的目标，以及面对困境时能坚持多长时间。这些期望也会决定人们如何对待他人以及他人的回应方式，能将人们的期望变成强大的自证预言，影响他们的个人生活和职业发展。幸运者能实现自己的目标并非偶然。倒霉者也并非命中注定无法心想事成。真相是，他们极端的期望很大程度上决定了最终的成败。幸运者和倒霉者对未来都有强烈的期望，这些期望具备创造未来的能量。

基本法则之三：期待好运

幸运者对于未来的期盼帮助他们实现梦想和目标。

子法则：

1. 好运能一直延续到未来。

2. 机会渺茫也不放弃。

3. 与他人的相处能很幸运和成功。

增强你生活中的运气

接下来的方法和练习将帮助你增强对未来的预期，从而实现你的梦想和目标。仔细阅读并思考你可以如何将它们融入自己的日常生活中去。在第八章，我将系统地说明如何最有效地使用它们来增强你生活中的好运气。

1. 期待未来能有好运。

幸运者对未来有着积极的期望。无论情况是否在他们的掌控之中，他们始终期待自己能在生活的各个领域都很幸运。这些期待对幸运者的生活起到了关键的作用——它们拥有成为自证预言的能量，实现各种梦想。让我们回想一下私家侦探马文，他的高期望帮助他实现职业梦想。或者想想埃里克，他感情生活非常幸运，此外他还十分享受人生中的每一份工作。

埃里克对于未来总是非常乐观。如果他看到窗外正在下雨，他会想："噢，太棒了，我养的那些花明天就会开了。"我希望你每天清晨能花一点时间想想马文和埃里克，想想他们给自己的生活增强好运的方法。请记住，虽然幸运者不会冒巨大的风险，但他们的确会幻想自己的未来充满好运。请你也坚信自己的未来一定会光明和幸运。给自己设立一些现实但又远大的期望。一步一步去努力奋斗，一起去见证未来会发生什么。

推荐练习

肯定你的好运气

简单的肯定就会对我们的思维和感受带来巨大的好处。事实上，许多幸运者每天都会提醒自己运气很好。在接下来的几周时间，我希望你每天清晨都能对自己大声朗读以下这些话：

"我是一个幸运的人，今天又将是一个幸运的日子。"

"我知道我未来能更加幸运。"

"我值得拥有好运气，今天好运就会降临在我身上。"

最初，你也许会觉得很别扭。但不妨尝试一下，注意观察有无变化发生。

设立幸运目标

这个练习将通过确立你的目标来设定你正确的期望值。翻开你的运气日志，在新一页上写下如下的3个标题：

短期目标

中期目标

长期目标

现在请完成3份清单。在第一份清单上罗列你的短期目标——你在下个月想要实现的目标。在第二份清单上罗列你在之后的6个月里想要实现的目标。最后在长期目标清单上写下你在今后一年或更长时间里想要实现的目标。

绝大多数人会发现完成这个任务有点困难。这里有一些建议，供你参考。

想想你生活中各个方面的目标——你在个人生活和职业发展中想要获得什么东西。

尽可能地将你的目标具体化——而不是写一个笼统的句子，例如

"我想要变开心"，尽可能地具体，想想究竟是什么东西能让你开心——或许你渴望一份恋情，或许你想要找到一份喜欢的工作。接着请将这些想法继续分解，比如，你也许可以想一下你理想伴侣的类型，或者最令你满意的工作类型。这些具体的目标比笼统的目标更有效。

最重要的是，你的目标必须有实现的可能。幸运者对未来有高期望，但他们不会有不切实际的期望。努力想一想那些可以实现的目标。记住，每当你实现了一个目标之后，你都可以重新修改这份清单。一步一个脚印，实现你的目标。

你或许会发现，给自己一些重要的目标设定时间节点会很有用。这些完成期限一定要符合实际，具有可操作性。

这份清单代表了你对未来的期望。你希望能借助好运实现这些目标。定期查看这些目标并密切关注你的进展。

2. 即使成功的机会非常渺茫，你也要尝试去实现自己的梦想。面对挫折，你依旧要坚持不懈。

先前，我们已经知道，倒霉者的期望通常会导致他们在挑战尚未开始时就选择放弃。他们不外出约会，因此永远也找不到理想的伴侣。他们不去参加考试，因此注定无法通过考试。千万不要像倒霉者一样思考问题。相反，即使成功的机会看上去非常渺茫，请让你对未来的积极期望激励你努力实现你想要的一切。请你也回想一下人们被要求尝试完成困难任务的那个实验。幸运者即使面对巨大的逆境依旧能坚持不懈。请像幸运者一样思考问题。勇于挑战，运用全新的方式来达成你的目标。同时也时刻准备好去尝试，不断地尝试，直到你的梦想和目标成为现实。

进行成本—收益分析

一些幸运者承认，在逆境中激励自己不断坚持有时候也并不容易。他们表示，每当自己想要放弃的时候，他们会采取以下练习。

首先，在你的运气日志里写下你的目标。随后，请在页面中央画一条竖线，在一栏的顶部写好标题"收益"，在另一栏的顶部写好标题"成本"。

现在请想象你也许能凭借好运气实现自己的目标。想象你自己现在非常成功，能够心想事成。就好像依靠魔法的力量，你的梦想都化为现实。在"收益"栏，写下你实现目标后会带来的所有好处。请发挥你的想象。实现目标后如何让你的心情变得更好，如何充实你的个人生活或职业生涯。它将如何提升你的收入，赋予生活全新的意义，以及如何帮助你在乎的人。从不同角度去思考目标实现后会给你的生活带来哪些好处，不断增加你的收益列表。

随后，请在"成本"栏写下你需要做哪些事情，才能让自己坚持不懈，努力实现自己的目标。或许你需要写更多的信、传真、电子邮件和打更多的电话。或许你需要出席更多的会议。或许你不得不改变自己的一些习惯。

现在，请回过头来看下这两栏里所写的东西。请再次想象你自己实现了目标，然后将成本和收益进行比较。当绝大多数人完成这个练习，他们意识到，收益远大于成本，于是他们迫不及待地想要行动起来。

3. 期待你与他人的交往相处能够非常幸运和成功。

幸运者对自己与他人的人际关系也有着较高的预期。在个人生活中，他们期望周围的人都非常有趣、快乐。还记得安德莉亚吗？她过着非常幸运的生活，并且她的恋爱对象用她自己的话来说总是"精英人士"。安德莉亚成功的秘诀并非是因为她拥有出色的外貌或者丰厚的家财。她成功的秘诀是因为自己对未来有着美好的期望。她期望自己遇到的人都能乐善好施。她的预期一次次都成为现实。这个技巧在工作场合同样适用。幸运者期望自己与同事和客户能进行愉快且高效的沟通。还记得李吗？他是一名非常成功的市场营销经理，这一切都得益于他拥有"梦中许愿"的能力——他会在与他人进行电话或会议沟通前在心里期望对方会给他怎样的积极回应。他的这些幸运期望一次又一次成为自证预言。请努力向李和安德莉亚学习，对未来抱有积极的态度——学着在"梦中许愿"，期待身边的人都会展现出自己最好的一面——你也许会惊讶地发现它能给你的生活带来各种变化。

∧
∨
∨

看到好运

在我的研究中，幸运者经常提及自己是如何看到自己的好运气的。每当你出席一个重要的场合——比如面试、会议或约会——你可以尝试以下练习，看看会发生什么事情。

找一间安静的房间，找一把舒服的椅子坐下，闭上双眼并放松自己，做一个深呼吸，用你大脑中的"眼睛"，想象自己正处于即将到来的场合中。想象一下周围的场景，你可能会遇到的人、看到的景象，以及听到的声音。

现在请想象自己在那个场合中会非常幸运和成功。如果你正看到一场面试，请把自己想象成一名能力非凡、知识广博的应聘者。设想面试官可能会提出哪些类型的问题，并想象自己都给出了非常出色的回答。如果你正看到一场约会，请想象自己变得非常自信和放松。如果你即将面对一场艰巨的会议，请把出席会议的每个人都想象成非常友善、具有合作精神的人。请尽可能地看到这些场景，细节越详细越好。思考一下自己会穿什么衣服，想要如何表现。尝试去预测其他人会说些什么，以及你将如何应对。尝试从他们的视角来看整个场景，随后再切换成自己的视角。你将发现这非常有意思。

最重要的是，记得把重心放在你如何期望自己能变得幸运并最终实现目标上。

现在，请慢慢睁开双眼，去把你的期望变为现实。

第六章

基本法则之四：化厄运为好运

法则：幸运者能够将自己的厄运转化为好运

到现在为止，我们已经探索了幸运者用来创造好运的三大基本法则。但人生对他们而言并非都是一帆风顺的。有时候，即使是幸运者也会面临厄运和祸事。我研究了幸运者面对厄运时的处理方式，结果揭示了运气的第四大法则：他们拥有非凡的能力，能化厄运为好运。

在日本，达摩娃娃通常被当地人视为一种好运吉祥的象征。它得名于达摩禅师。传说，达摩禅师由于长时间处于打坐冥想状态，他的双臂和双腿都慢慢地消失不见了。达摩娃娃是鸡蛋形的不倒翁，底部又圆又重。每当你把它推倒，它总是能重新站起来。幸运的人就像达摩娃娃。他们并非永远不会遇到厄运。但每当厄运降临，幸运者在跌倒后总能重新站起来。我的研究揭示了原因。这就好像你打开达摩娃娃，深入了解其内在，并最终发现为什么幸运者会被绊倒但绝不会一蹶不振。幸运者能够化厄运为好运的秘诀就在于 4 个技巧。它们共同构成了一个几乎刀枪不入的盾牌，能保护幸运者免受厄运的攻击和折磨。

子法则一：厄运的积极一面

请看下一页的图片。图片上的两个人看起来不太开心。但正如生活中许多事情一样，这取决于你看待它的方式。请把这本书倒过来，重新再看一眼图片。图片上的两个人现在看起来都很开心。情况本身并没有发生变化，但我们看待它的方式发生了变化。幸运者在遇到生活中的厄运时会采取相同的方法。他们会扭转乾坤，从另一种角度来看待事情。

想象一下自己将代表国家出征奥运会。你在比赛中积极拼搏、发挥出色，获得了一枚铜牌。你觉得自己会有多开心？我猜测，绝大部分人都会欣喜若狂，为自己的成绩感到骄傲万分。现在请想象

时间倒流，你参加了同一届奥运会。这一次你甚至发挥得更好，赢得了一枚银牌。你觉得自己此刻会有多开心？绝大部分人会觉得自己在赢得银牌后一定更开心。这一切都在情理之中。毕竟，奖牌反映了我们的表现，比起铜牌，银牌表明我们的表现更加优异。

然而研究却表明，赢得铜牌的运动员实际上比银牌获得者更加开心。这一切都和运动员看待自己表现的方式有关。银牌获得者想的是，如果他们能表现得更好一些，那么他们也许就能获得金牌。相反，铜牌获得者想的是，如果他们当时表现得略差一些，他们也许就拿不到奖牌了。心理学家将这种现象称为"反事实思维"，它指人们会忽视现在的事实，而去幻想曾经的可能。

∧
∨
∨

运气练习 **12**：想一想厄运

请阅读以下各种情景，并想象它们就发生在你身上。翻开你的运气日志，评估每个情景对你而言幸运或倒霉的程度。每个情景下方分别有 7 个量度供你选择，选择后请简单注明原因。

情景 1：假设你在交通信号灯前紧急刹车，导致你后面的车发生追尾，撞到你的车。你的车严重受损，你的颈部也有轻微的扭伤。

如果这件事情发生在你身上，你会如何评估它的幸运或倒霉程度？为什么？

非常倒霉　-3　-2　-1　0　+1　+2　+3　非常幸运

情景 2：假设你需要向银行申请一笔贷款。你和银行经理进行了沟通，向他说明了情况。经理当时有急事处理，拒绝给你全额的贷款。但是他表示可以批准你 50% 的贷款金额。

如果这件事情发生在你身上，你会如何评估它的幸运或倒霉程度？为什么？

非常倒霉　-3　-2　-1　0　+1　+2　+3　非常幸运

情景 3：假设你钱包丢了，里面有一些现金、部分信用卡和一些有纪念价值的个人物品。第二天钱包被转交给了警方，钱包最终归还到你手上。你打开钱包，发现现金和信用卡都遗失了，但是个人物品还在。

如果这件事情发生在你身上，你会如何评估它的幸运或倒霉程度？为什么？

非常倒霉　-3　-2　-1　0　+1　+2　+3　非常幸运

得分：

请看一下你给这3个情景的评分情况。倒霉者倾向于给每个场景都打-2分，甚至更低。而幸运者倾向于给每个场景都打+2分，甚至更高。

倒霉者倾向于关注事情的消极方面，备注的原因也多为他们觉得事情的结果本可以变得更好。幸运者倾向于看到事情更为积极的方面，备注的原因也多为他们觉得事情的结果本可以变得更糟。

这一章将说明你看待生活中厄运的不同方式会如何影响你化厄运为好运的能力。

我很好奇幸运者是否会使用"反事实思维"来缓解生活中所经历的厄运对他们情感方面的消极影响。每当他们经历厄运的时候，他们是否会想象事情本可以变得更加糟糕，从而对发生在自己身上的厄运感到好受一些。为了探究这些问题，我决定给幸运者和倒霉者制造一些倒霉的情景，来观察他们是如何反应的。我的研究助理马修·史密斯和来自赫特福德大学的心理学家彼得·哈里斯博士协助我共同完成了这个研究项目。我们回顾了志愿者在先前的访谈和信件中所描述的一些经历，最终设计了一些简单的情景。

第一个情景是基于我刚开始研究项目时收到的一封来信。寄信人叫罗纳尔多，在信中，他记录了自己的一系列不同寻常的倒霉经历。几个月前的一天，罗纳尔多在列车的站台上等待时，一个素未谋面的陌生人突然走向他，并用气枪朝他射击。罗纳尔多试图制伏该男子。在打斗中，歹徒拿出了一把小刀，刺向罗纳尔多的面部。这是一起非常恶劣、极其偶然的袭击。罗纳尔多不巧在错误的时间出现在了错误的地点。在信中，罗纳尔多写道，他觉得自己被袭击真的非常倒霉，但同时他又觉得自己很幸运，因为气枪子弹从他的喉部射向了左边，而不是右边，否则他的声带将严重受损。我们将罗纳尔多倒霉的经历简化后作为实验中第一个情景的基础。

我们请幸运者和倒霉者想象自己正在一家银行等待业务办理。突然，一名独臂抢劫犯闯入银行，朝人群开了一枪，子弹射中了他的手臂。随后我们请每个人用下面的数字评估这个情景对自己而言幸运或倒霉的程度。

非常倒霉　-3　-2　-1　0　+1　+2　+3　非常幸运

幸运者和倒霉者的评估差异令人感到震惊。

在上一章，我们认识了倒霉的克莱尔。她经历了一长串破碎的情感关系，并且从未在工作中感受到一丝快乐。克莱尔觉得被一名银行抢劫犯开枪击中手臂真的非常倒霉，她给出了 - 3 的评分，并评价说，就是因为自己运气不好所以才会在银行遭遇抢劫。

在第二章，我描述了史蒂芬的倒霉生活。在财务方面，史蒂芬尤其倒霉—— 一名不值得信赖的律师导致他生意破产。此外，史蒂芬也频繁地与赚钱的机会失之交臂。史蒂芬给出了 - 2 的评分，并写道：

我觉得这太奇怪了——这个情景怎么可能会被认为是幸运的，除非你喜欢被人射中。

幸运者则认为这个情景非常幸运，通常会不由自主地评论说这个情景本可以变得如何更加糟糕。在这本书里，我们结识了幸运的市场营销经理李。李经常能在对的时间出现在对的地点，拥有良好的直觉，以及会用"梦中许愿"的方式来创造对未来幸运的期望。当我们询问李觉得在抢劫案中被射中手臂是幸运还是倒霉时，他不假思索地说这简直太幸运了，并给出了 +3 的评分，他表示：

子弹也可能直接让你丧命——如果它只是射中你的手臂，那么你也许还有活命的机会。

在前一章，我描述了幸运的私家侦探马文对未来的高期望是如何帮助他实现人生的许多梦想和期望的。同李一样，马文认为被抢劫犯射中手臂是非常幸运的，他同样给出了 +3 的评分。他的评论同时也揭示了他能拥有幸运生活的一些秘诀：

我觉得这件事很幸运，因为你也可能被射中头部——此外，你还能把自己的这个经历提供给报社，小赚一笔。

在另一个情景中，我们让每个人假设自己意外摔倒在松松垮垮的楼梯地毯上，导致摔下了几级台阶，扭伤了脚踝。每个人再次被要求用相同的"非常倒霉"到"非常幸运"的度量表给这个情景打分。再次，幸运者和倒霉者看待这一情景的方式有着天壤之别。克莱尔给出了- 3 的评分。

与之相反，李和马文都认为这是一件非常幸运的事情，两人都给出了 +3 的评分。李和马文都表示，如果仅仅只是扭伤脚踝，那真的是非常幸运，因为在这种情况下很可能会摔断脖子或颈椎。

幸运者、倒霉者的差异是如此令人震惊。在这些虚构的情景中，当倒霉者想到这些厄运发生在他们身上时，他们往往只能看到痛苦和绝望。而幸运者却相反。他们始终能看到每个情景中积极的一面，不由自主地会想到事情本可以变得更为糟糕。这使得他们内心会好受一点，并且始终维持住他们很幸运、能够拥有幸福人生的这一信念。

幸运者和倒霉者看待厄运的不同态度也在他们与我的访谈中

得以体现。艾格尼丝是一名来自加利福尼亚州的艺术家，她拥有幸福的家庭生活，在职业发展上也非常幸运。艾格尼丝在一生中曾数次直面死神的威胁。当她只有5岁的时候，意外摔倒，头部先坠落进火堆。当她7岁时，她家隔壁的煤气管道突然爆裂，煤气蔓延到她正睡觉的屋子。几年后，她在海边玩耍时，不巧掉进一个隐蔽的坑洞，差点就溺水而亡。十几岁的时候，她还遭遇了一起车祸。

　　但令人感到惊讶的是，艾格尼丝并没有让这些意外事故和伤害击垮自己，感到低落或不幸。相反，她天生就有一种能力，把每个情景可能造成的后果想象得更为糟糕，而这也帮助她始终保持乐观的情绪，认为自己是位幸运儿。当她向我诉说自己坠落进火堆的经历时，她表示，幸好她的爷爷先前已经把火给扑灭了，从而让她免受更严重的伤害。当她描述自己吸入煤气时，她提到，幸好自己睡觉时有用毯子蒙住脑袋的习惯，这也避免自己吸入过量煤气，从而救了自己一命。当她说到自己被车撞的经历时，她提到，还好当时车刚拐弯，所以速度比较慢。按照艾格尼丝的说法，她并非是因为倒霉才遇到这些意外事故，而是因为幸运才能从这些事故中脱险。

　　幸运者倾向于不自觉地将遭遇的厄运想象成更为糟糕的情况，使他们对自己和生活的感受就会好一些。这样就能帮助他们始终对未来保持一个高期望，增加他们继续拥有幸运人生的可能性。但幸运者并不只使用"反事实思维"来想象任何一次倒霉的经历会如何变得更为糟糕，他们还会将自己和遭遇更为不幸的人进行比较。这个基本的理念可以通过一个简单的视觉现象加以说明。请观察下面两个图形。

图形 1   图形 2

在图形 1 中的黑色圆似乎比图形 2 中的黑色圆大。事实上，两个圆的大小是一样的。由于我们的大脑会自动将每个圆和它周围的参照物进行比较，因此它们的大小看起来就不同了。左边的圆周围被小圆所包围，因此相较之下就会显得大一些。右边的圆周围被大圆所包围，因此相较之下就会显得小一些。当人们判断自己幸运与否时，这一理念也同样适用。

想象一下这些圆代表在两份不同的工作中你和你同事各自得到的薪水。黑色圆代表你的薪水，灰色圆代表你同事的薪水。图形 1 中的圆代表了你的第一份工作，图形 2 中的圆代表了你的第二份工作。在两份工作中，你的工资是一样的，就像两个黑色圆本身的大小是相同的。然而，你内心的感觉却并非如此。在第一份工作中，你的薪水比其他同事高，因此你内心很可能对现状感到非常满意。在第二份工作中，你同事的薪水比你高，因此你内心很可能对现状感到非常失望。

在看待生活中的厄运时，幸运者和倒霉者通常都会运用这类"比较思维"。在之前的章节，我描述了倒霉的克莱尔看到的总是我呈现给她的这些虚构情景中的消极面。此外，她倾向于和那些比她幸运的人进行比较，从而强化厄运对自己造成的影响。在一次访谈中，她告诉我她为什么觉得自己在现在的工作中特别倒霉。

如果工作中出了任何一点问题，倒霉的似乎总是我，永远不可能是其他人。我一直看到别人在工作中都非常走运，能够买新车、享受假期、去酒吧放松、有时间享受空余时间——但我总是没有假期，我不断地问自己："为什么倒霉的总是我？"

幸运者倾向于和那些比自己倒霉的人进行比较，从而弱化厄运对自己产生的影响。志愿者米娜就是一个极具说服力的例子。米娜出生于波兰，当时二战刚刚打响。占领军频繁地包围街道上的人，将他们押送到监狱或集中营。有一天，米娜差一点就被包围逮捕，所幸她迅速地躲进了一个小院子，逃过一劫。不幸的是，她的许多家人和朋友却没有那么走运。毫不意外，她至今都记得这些事情，也影响着她看待生活中每一次厄运的方式。

　　每当生活中有不好的事情发生，我都会去想那些曾经或现在比我更不幸的人——那些被抓去集中营的人或是因战争导致残疾的人——我也许会在倒霉的时候觉得自己有点不幸，但每当我想到这些人，想到他们曾遭受的苦难，我就会意识到自己是多么幸运。

　　简而言之，幸运者每当面临厄运时，一方面会想象事情变得更为糟糕的情况，另一方面与那些倒霉的人进行比较，从而来减弱厄运对自己情感上造成的伤害。

子法则二：总会时来运转

　　这是第二个非常重要的技巧，它可以帮助幸运者拥有化厄运为好运的能力——这一理念可以追溯到几千年之前。

　　有一个古老的寓言故事，讲的是一个智慧的农夫，他意识到从长远的角度来看，我们生活中许多祸事都具有神秘的力量，可以转变成好事。有一天，农夫在外出骑马的过程中，突然被马摔落在地，农夫因此摔断了腿。几天后，他的邻居来看望他，同情他所遭受的厄运。然而农夫却说："你怎么知道这一定就是厄运呢？"一周之后，村庄里的人准备举办一场庆典，但农夫因为腿断了，所以无法出席庆典。他的邻居再一次表达了对他不幸遭遇的同情。农夫再一次回复说："你怎么知道这一定就是厄运呢？"庆典期间发生了一场严重的火灾，许多人因此丧命。邻居才意识到恰恰是农夫先前的厄运挽救了他的生命，也终于明白农夫那句话的真正含义。

许多幸运者在面对厄运时，采取了和农夫相同的态度。面对自己的生活时，他们通常将重心放在厄运背后积极的一面上。在第三章，我们认识了幸运的约瑟夫。他是一名 35 岁的大学生，在生活中遇到了许多改变命运的机遇，次数远高于常人。约瑟夫也具备非凡的能力，能够化厄运为好运。约瑟夫目前正在攻读心理学学位，过着遵纪守法、幸福快乐的生活。当他还年轻的时候，生活与现在截然不同。他时常要和警察打交道，曾经有次因为试图非法闯入办公大楼而被捕入狱。回首往事，约瑟夫现在觉得那次经历是他这辈子遇到的最幸运的事情。

20 多岁的时候，我和另外两个同伴每天游手好闲，做了很多违法乱纪的事情。有天晚上，我们决定闯入一栋办公楼。我爬上了楼顶，我到现在依旧不明白当时怎么就突然恐高了。警报声响了，另外两个同伴逃离了现场，但我却吓得寸步难行。接下来，警察到达了现场，逮捕了我。我出席了庭审，最后被判处 4 个月监禁。坐牢期间，我得知自己的两个同伴又再次作案，并被误认为是持有枪械的恐怖分子。警方认为他们身上携带了武器，因此朝他们开枪。其中一人被射中，伤势非常严重——他现在终身都只能靠轮椅出行——另一人则被当场击毙。锒铛入狱或许是自己当时经历过最幸运的事。

　　有趣的是，我也有过类似的经历。事实上，当我还是名魔术师的时候，我曾经有过一次非常倒霉的遭遇。但从长远的角度来看，它却给我带来了无数的好运。我曾受邀前往加利福尼亚州进行魔术表演，演出地是在一所举世闻名的魔术师俱乐部——好莱坞魔术城堡。我非常渴望能给观众留下深刻的印象。在前往演出地的路上，我决定先在纽约稍做停留。当时，我的所有演出道具都放在一个小箱子里。很显然，我总是把箱子随身携带。当时我突然想去快餐店买份小吃，于是就把箱子放在了身旁的座位上。没过一会儿，快餐店的某个角落发生了一些冲突，于是我起身张望，想要知道发生了什么事。当我回过神来，突然发现自己的箱子被人偷走了。我所有的表演道具都在里面，而离表演只剩下几天的时间。更糟糕的是，许多表演道具都是无法替代的，因此我不得不快速思考，改变我的全部魔术表演。我来到当地的商店，买了几副扑克牌后返回酒店房间。当晚我突然意识到了"需要是发明之母"这句话的真正含义。我一直研究到凌晨，用我手头的道具设计了几个新的魔术。于是我排练了几个自己多年未曾表演过的魔术，并且最后发明了两个新魔术。我的全新演出编排比原先计划的更好，而我也凭借那两个新发明的魔术力压同场竞技的魔术师，夺得了最佳原创奖。要是我的行李箱没被偷，那么我当时也就不用麻烦，耗费大量时间和心力去发明新的魔术。虽然当时我并没有意识到这起偷窃是我魔术师生涯遇到的最幸运的事情之一。

幸运者会用这个理念去弱化人生中的厄运对他们的情感造成的伤害。通过回顾过往的厄运，关注它潜藏的积极方面，幸运者对自己和未来更乐观向上。如果厄运降临在他们身上，他们也会用长远的角度来看待，相信事情最终都能有好的结果。

子法则三：不沉溺于厄运裹足不前

倒霉者容易沉溺于生活中的厄运，无法走出困境。一位倒霉者这样说：

这一切就好像我被下了一个诅咒。我太多次不知道自己该怎么办。我长期失眠，忧虑生活中出现的一切问题，即使我对有些问题确实是无能为力，但总忍不住焦虑。我想知道自己究竟做了什么伤天害理的事情导致我现在活该这么倒霉。

幸运者却相反。他们会放下过去，关注未来。在第四章，我们知道冥想帮助乔纳森提升直觉，增强他在个人生活和职业发展中的好运气。乔纳森将厄运化为好运的能力也广为人知。

我的老板曾不止一次地表示我似乎总能在跌倒后重新站起。有时候，事情不会一帆风顺，但我总能在挫折后重整旗鼓，事情也会顺利得到解决。

有趣的是，乔纳森也提到，冥想能帮助他放下人生中一些不幸的过往。

我觉得冥想帮助我拥有一个更健康的人生观。你可以停下来，冷静一下。当你放下了压力，重新清醒时，你对事物会有不同的看法。冥想让你意识到，如果你无力去改变一件事情，那么就不要给自己过多的压力。如果你能采取一些行动，改变现状，那么就行动起来。但如果你真的对一些事情无能为力——就比如你被堵在高速公路上——那么你最好别去焦虑，让自己冷静下来。一般而言，我很善于放下烦恼，绕道离开。我天生就不是一个沉默寡言的人。不知何故，我绝大部分时候都能得到自己想要的东西。但如果我得不到一样东西，在第二天醒来后，我不会再次纠结烦恼。我会想："好吧，我对此无能为力，那么就没必要再老想着它。"于是我会继续好好地生活。

不光乔纳森一个人认为放下很重要。琳达的人生一直都非常幸运，她实现了许多梦想和目标。我也问过她是如何处理生活中遇到的厄运的——她同样提到了冥想的重要作用，声称它帮助她忘记了很多过往的不幸事件。

　　我过去常常会打坐冥想，这真的非常有用。我学着放下那些困扰我的事情或问题。当遇到不好的事情时，你需要学着把它们抛之脑后，尽力不要去焦虑。我发现自己很轻松就能做到这些，我不再沉溺于各种问题。

　　赛斯是一名律师，居住在纽约。他注意到，自己生活中大部分的好运都来自曾经的厄运。在儿童时期，他体重超重，因此经常因为身材被他人戏弄。年轻的时候，他加入了减肥营。他第一次参加活动时，遇到了自己的真命天女。整整一年他们都一起参加减肥营的活动，几年后他们步入婚姻的殿堂，到现在都恩爱有加。赛斯不止一次地能从厄运中存活，甚至有所获益。

　　回顾过往，我一生中大部分的厄运都展现了积极的一面，我从这些经历中学到了很多。我意识到，即使缺乏某些我曾经觉得很重要的东西，我依旧能活得好好的。过去的这几年，我在股市上损失惨重。我做出了一些非常糟糕的决定，损失了大约200万美元。我曾觉得这对我一定是灾难性的打击。但事实是，我扛了下来，这并不是世界末日。它也帮助我重新思考那笔钱对我的人生究竟意味着什么。我仍然拥有工作，拥有健康，拥有家庭和相爱的妻子。

　　我很少对过往感到焦虑。相反，我会在垃圾堆中寻找宝藏，我很少让自己深陷事情的消极面，裹足不前。我通常会关注事情的积极面，关心自己该如何从中获益。

这些对厄运的不同看待方式极大地影响了幸运者和倒霉者之后的想法和感受。研究表明，当人们沉溺于生活中消极的事件，他们就会感到悲伤。当人们关注过往那些积极的事件，他们就会感到更开心。这不仅仅表明记忆会影响情绪。要知道，情绪也能影响记忆。心理学家詹姆斯·莱尔德和他来自克拉克大学的同事们进行了一个构思精妙的实验，研究了情绪对记忆的影响。他们让人们阅读两则短文。第一则内容是一篇令人悲伤的新闻报道，讲述了在捕杀金枪鱼的过程中，海豚被无辜杀害；第二则内容是一篇伍迪·艾伦写的令人捧腹的短篇故事。

实验人员随后运用了巧妙的方式使人们感到开心或悲伤。他们让一半志愿者把铅笔放在牙齿中间，但必须确保铅笔不会碰到嘴唇。这样人们的脸部下方就会不自觉地摆出微笑时的状态。另一半志愿者则被要求用双唇夹住铅笔的后部。这样人们的脸部下方就会不自觉地摆出皱眉时的状态。当人们让自己脸部展露笑容时，他们真的会感到快乐。同样地，当他们让自己脸部做出皱眉的表情时，他们真的会感到悲伤。每个人都会再拿到一支铅笔，被要求写下两篇文章中自己还记得的内容。那些被迫展露微笑的人记得大量关于伍迪·艾伦小说的内容，而对于那篇沉痛报道的记忆则少了很多。那些被迫做出皱眉表情的人很少记得伍迪·艾伦的短文内容，却记得许多关于那篇报道的内容。他们的情绪会影响他们记住的信息内容。同样，当我们以开心的情绪来回顾过往，我们容易记住那些美好的人生经历。当我们以悲伤的情绪来回顾过往，我们容易沉溺于那些负面的人生事件。

情绪和记忆的双向关系解释了，幸运者不愿沉溺于过往的厄运为什么能帮助他们对生活始终持有积极幸运的态度。当倒霉者沉溺于过往的厄运时，他们会感到更加悲伤和不幸。从而，这也使得他们会更多地纠结于过往的厄运。于是他们就会感到更加悲伤和不幸。所以不断的恶性循环使得他们看待世界的方式也越来越悲观。他们的记忆影响了情绪，而情绪又反过来影响他们的记忆。

幸运者能够避免这样的恶性循环，是因为他们能够忘记发生在自己身上的不幸事件。他们更关注自己经历的幸运事件。这些积极向上的记忆使得他们感到快乐和幸运。从而，这使得他们去回忆更多发生在自己身上的好事。他们不会进入恶性循环，相反，他们的记忆和情绪互相协作，使得他们感觉自己越来越幸运。

运气练习 13：对待厄运的态度

这个练习是用来了解你遇到生活中的问题和挫折时是如何应对的。请翻开你的运气日志，在全新的一页如实地写下你会如何应对以下的事件，如果它们真的发生在你身上。

请不要写下你觉得自己可能会怎么想和怎么做。请用几分钟的时间想象这件事情真的发生在你身上，并如实地写下你觉得自己实际会如何应对。

事件1：你4次参加驾照考试，但每次都失败了。如果这件事情发生在你身上，你会如何反应？

事件2：你在过去3年里每年都会提出升职申请，但是每次都被拒绝了。如果这件事情发生在你身上，你会如何反应？

事件3：你已经尝试3次修补天花板上滴水的管道，但是每次情况都被弄得更糟。如果这件事情发生在你身上，你会如何反应？

解读：

我用这些问题询问了许多幸运者、倒霉者和中立者。他们的回答往往涵盖了以下的要素：

倒霉者的回答往往是他们会轻易地选择放弃，然后一直被这些问题困扰，不愿去探究自己过去失败的真正原因。相反，他们会考虑一些无效的解决方法，比如相信一些封建迷信。

幸运者却大为不同。他们的回答往往是选择坚持而不是放弃。他们会将这些经历看成一种机遇，让自己从过往的错误中不断学习。他们会通过阅读书籍或采取更有效的方式来解决问题，比如咨询专业人士或运用横向思维。

子法则四：采取措施避免厄运

假设你经历了3次约会，但每一次都以失败告终。或你参加了

3 次职位面试，但每一次都被婉拒。或你想要买一件衣服，当你找到自己心仪的衣服后，却发现收银处排着长队。你在这 3 种情况下，分别会如何做？你是选择坚持还是放弃？你是选择重整旗鼓还是一蹶不振？我把这类情景和问题抛给了参与我研究的许多幸运者和倒霉者。我想要发现两组人在面对厄运时是如何表现的。我让每个人都描述他们对每个情景的感受，更为重要的是，他们接下来会怎么做。研究结果揭示了运气背后一个重要的心理学启示。

在前一章，我描述了幸运者和倒霉者的期望与他们面对困境时坚持的程度相关。倒霉者坚信他们注定会失败，因此通常不愿再去努力尝试。而幸运者却相反。他们相信自己会成功，因此乐于坚持。当我询问两组人面对厄运时会如何反应时，他们依旧给出了截然不同的回答。倒霉者通常表示自己会选择放弃。一位倒霉者在假设自己 3 次约会都以失败告终后，这样评论：

我会选择放弃，什么都不做。我认为自己会觉得这一切都是注定的。如果 3 次约会都是以失败告终，那么我之后就不会再做任何尝试。

当他们想象自己找到称心如意的衣服，却发现收银处排着长队时，他们这样说：

我可能会难过整整一周的时间，然后忘记这件事。要是我去排队的话，我觉得好不容易轮到我的时候，收银机也会突然出故障。到时候结果也是一样。那时我一定会火冒三丈。

幸运者的毅力会更好。在他们心中，坚信自己不会注定一直倒霉下去。相反，眼下的厄运是一种挑战，他们需要去战胜它：厄运能在未来给他们带来好运。一位幸运者在想象了自己 3 次约会都以失败告终后，讲述了他将如何坚持：

我会不断再去尝试。别被吓倒，继续去约会。你不能这么轻易地就放弃。生活为你安排了这些挑战，你需要战胜它们。

在想象自己 3 次面试都失败后，另一位幸运者写道：

我只会耸耸肩然后重整旗鼓。我会立马给更多的用人单位投递简历。我觉得自己很可能会在当天投递更多的简历，这样我会觉得自己在做一些积极有益的事情。

幸运者和倒霉者对这些问题的回答展现出了另一个重要的差异。幸运者比起倒霉者会采取更为积极有效的方式来面对不幸的情况。倒霉者很少提到自己会努力去探寻过往失败的原因。他们不愿意从自己的失败中吸取经验教训，因此在未来就更容易重复这些失败。相反，幸运者常常不自觉地就会提到自己会把失败看成一个学习成长的机遇。当面对 3 次失败的约会时，一位幸运者说：

　　我会聆听第三次约会的录音，发现自己在哪些地方犯错了，如果自己有犯错的话，这样我也许就能提升自己下次约会时的运气。

　　在描述自己会如何回应 3 次面试失败的经历时，另一位幸运者也采取了相同的方法：

　　我可能会写信给面试官，询问他们我哪里没做好。我会从他们那里得到一些反馈，随后我就能确保下次面试时我不会在同样的地方出错。

　　因此，幸运者在面对失败时会选择坚持，做出更积极有效的应对。这样，他们就能化厄运为好运。但幸运者也经常会提到第三种应对方法。用下面的任务来说明这个方法再贴切不过。请想象一下我给了你一根蜡烛、一盒图钉和一盒火柴。你的任务就是将蜡烛固定在墙壁上，让它能作为一种照明工具，顺利被点燃。有些人会把图钉按在墙上，随后试图把蜡烛放在图钉上。有些人则会用火柴先把蜡烛底部熔化，尝试把蜡烛粘在墙壁上。这两种方法都不对。事实上，只有一小部分人想到了正确的解决方法。这些人把图钉从盒子中倒出，随后用两个图钉把盒子固定在墙壁上。这样就能轻而易举地把蜡烛放进盒子里再点燃它。这个方法简单、有效、完美。但这个方法要求人们具备创造力和灵活的思维。它要求人们以一种横向思维的方式来看待手边被提供的工具。在他们看来，装有图钉的盒子不仅仅是一个盒子——它也能成为一个蜡烛台。他们能想出这个方法，是因为他们看待问题的角度非常与众不同。他们非常成功的原因也在于他们能跳出盒子去思考盒子。

我的研究表明，幸运者在面对我实验中设定的不幸情景时也会使用同样的方法。当他们在通往目标的道路上，遇到厄运这个拦路虎时，他们会探索其他的方式来解决问题。在想象自己3次约会都失败后，一位幸运者这样写道：

我想我很可能会让其他男士休息一会儿，先和自己的女性朋友或普通朋友待在一起。就单纯地找个地方坐下来，让一切都顺其自然地发生，而不是满脑子想着和不同的人约会。

另一位幸运者不经意间也表示他会试图用一种意想不到的方式来解决收银处的长队：

有时你也可以直接走向收银员，对他说："你能替我保管一下这件衣服吗？我明天会过来买下它。"有时，他真的会同意你的请求。

倒霉者很少能想到这些方法。当厄运挡在他们前行的道路上时，他们倾向于转身跑回家而不是寻找全新的道路。事实上，只有一名倒霉者给出了一个富有创意、出乎意料的应对方式。有趣的是，他解决问题的方式是改变自己的目标，而不是去战胜眼前的厄运。当我询问该男士会如何回应 3 次失败的约会，他思考了一下，突然抬起头，笑了笑，表示他很可能会去当一名神父。

当我采访幸运者和倒霉者，询问他们在真实生活中是如何面对厄运时，上述提及的关键要素在他们的回应中再次得到体现。倒霉者常常无法从过往的错误中吸取教训，或者探索新奇的方式来战胜自己的厄运。他们坚信，他们无法改变现状，只能默默忍受。

以护士雪莉为例。她有着非常快乐的童年，并最终成为一家著名的教学医院里的学生护士。通过全部考核后，她选择了周游世界，过着幸福的生活。但后来，她意外结识了自己的丈夫保罗。保罗在生活中一直都很倒霉，因此雪莉就认为保罗的霉运会传染给自己。雪莉的余生一直受到疾病的困扰，不断失业，过得非常不开心。

雪莉在 1983 年买了第一辆车。不幸的是，她丈夫在几周后就去世了。葬礼过后没多久，她就经历了第一次车祸，丈夫的去世和这次车祸给她造成的创伤使得她失忆了一个月。雪莉对于车祸的印象也很模糊。但她坚信这不是她的错，要怪就怪那辆被撞坏的破车。虽然失忆了，但当她买了第二辆车后，她始终清晰地记得那场车祸。雪莉接着说道：

第一起车祸是因为我前面的车在没有任何警示的情况下突然左

转，撞坏了我的前照灯。我负车祸的主要责任，因为法官说我当时离前车的距离太近了。第二起车祸是因为我急刹车的时候撞到了前面的车。第三起车祸是因为我把车撞向了铁路路基。我不知道为什么会这样。我只是想从副驾驶位的下面拿一点东西，但车直接偏离了公路，撞到了墙上。随后，汽车撞毁了一些信号灯。我真是受够了。我把车扔了。

　　这些车祸经历也许会让绝大部分人开始反思自己的驾驶技术。雪莉买的 3 辆车都发生了车祸，而她也是这 3 起事故的主要责任方。但是雪莉却固执地认为自己的厄运以及 3 辆破车才是这些车祸的罪魁祸首。因此，她坚信自己对这些情况无能为力。一切都是注定的。

　　即使倒霉者真的想要改变自己的厄运，他们采取的方法也非常无效。雪莉并没有试图提升自己的驾驶技术，相反，她希望通过做好事来改变自己的厄运。

　　很多时候，无论你付出多少努力，灾祸依旧会降临——通常你也不知道它们什么时候会结束。这就好像冥冥之中有些事情就是会发生在你身上，没有任何原因。我觉得上帝正在惩罚我，因此我需要赎罪。数年来，我照顾自己年老体弱的母亲，保护各种动物并参与慈善活动。无论我多么努力，事情都没有得到任何的好转。多年来，我一直将这些事情记录在日记本里，期望能看到转机。然而转机一直都没有出现，于是我就把它们都扔掉了。

倒霉者中不止雪莉一个人努力尝试却始终无法改变自己的厄运。在第五章，我描述了克莱尔的不幸生活。她一直饱受疾病的困扰，讨厌自己尝试过的每一份工作，在爱情方面也非常倒霉。在一次访谈中，我问她是否尝试过去减少生活中的厄运。她说自己曾经想要依靠迷信的力量。

三四个月前，我收到了一封信，一个自称具有未卜先知能力的人想要帮助我摆脱厄运。信中说到我的童年并不快乐，我当时就想："好吧，她是怎么知道的？"现在回想起来，我猜测这很可能是封标准的钓鱼信，总会有人符合信上的内容。但我当时还是相信了，并给对方寄了50美元。她随后给了我一些数字，建议我买彩票时选择它们。但显然这些数字一点用也没有。她告诉我，这些数字会给我带来一大笔财富。我的确使用了它们——事实上，我直到现在仍然在挑选这些数字。但迄今为止这些数字并没有给我带来任何好处，我一分钱都没中过。

此类迷信活动倒是没有多大害处，但我从其他面谈者中了解到的情况显示，迷信思想对不幸者的生活真的会产生很大的负面影响。

让我们再看看保罗的例子，他现年75岁，是一名退休的销售员。在青少年时期，保罗开始对迷信产生浓烈的兴趣，一次偶然的机会，他从一本破旧的星座书上得知自己的"幸运"数字是3。保罗于是决定对这个说法进行验证。他来到了佛罗里达州当地的一座跑马场，查阅了当天参与比赛的马匹名单，随后把赌注都押在每一场编号为3

的赛马上。保罗把之后发生的事情告诉了我：

让我吃惊的是，其中有 3 匹马真的赢了比赛，我离开马场的时候赚了一大笔钱——比我一年的工资还多。当时我觉得我是世界上最幸运的人。现在回想起来，我觉得那是我一生中最不幸的一天。在那段时间，我非常迷信，我坚信我的幸运数字就是 3。

接下来的几周，保罗继续在跑马场把大量的赌注都押在编号为 3 的赛马上。当这些马没能赢得比赛时，保罗又转而投身赛犬比赛。他天天晚上都去赛犬俱乐部，把赌注押在编号为 3 的赛犬的第三次比赛上。仅仅一个月的时间，保罗就输光了先前所有的奖金。但他并没有从自己的错误中吸取教训，相反，他继续相信这些迷信，把大额的赌注押在编号为 3 的赛马和赛犬上。他在赛场上不断地输钱，金额都非常巨大，直到他不得不想办法归还这些赌债。最终保罗的房屋被拿去抵债，他和自己的亲人因无力支付房租而被房东赶了出去。许多年后，当保罗回过头来审视自己的过去，他发现自己对迷信的深信不疑才是他厄运的真正根源——他仍旧会赌博，但现在他相信自己的判断而不是"幸运"的数字。

这些访谈激发了我的兴趣，于是我展开了系统性的调研，想要去了解参与我实验的志愿者们所持有的迷信想法。我想知道，相较幸运者而言，迷信是否会对倒霉者造成更大的影响。我询问每个人，他们是否觉得 13 是不吉利的数字，当他们打破镜子时是否会感到不安，以及他们是否会觉得在路上遇到一只黑猫会导致厄运的降临。结果显示，倒霉者的迷信程度远高于幸运者。它也证实了我们先前的理论，即倒霉者倾向于运用无效的方式来试图改变生活中面对的厄运。

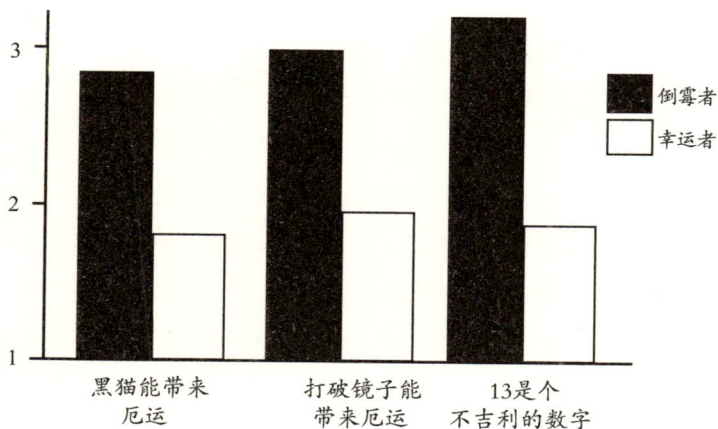

倒霉者和幸运者对3种常见的迷信说法相信的平均程度

我的访谈也进一步证实了幸运者会采取更为有效的方式来改变自己的厄运。先前我描述了私家侦探马文的幸运生活。和许多幸运者一样，马文强调了当厄运降临时，我们要学着掌控并尝试改变厄运。

当人们说讨厌自己的工作时，我会对他们说："如果你不喜欢手头的工作，那么你就快点辞职。"但一些人又会说："好吧，我没法辞职，我无法从中脱身，我只是太倒霉了。"但我一点也不认同这种思维方式。我认为，如果你对从事的工作感到不开心，那么你就应该积极地寻求改变。因为如果你能将目前做的事情变成你喜欢做的事情，那么你会感到开心，同时这也会改变你的运气。

希拉里是一位 46 岁的内科医生，来自加利福尼亚州的伯克利。她的一生遭遇了许多厄运，但她却觉得自己非常幸运。

我认为自己很幸运，这并非指我能在街上捡到钱或彩票中奖，而是指我在生活中的许多重要方面都能顺心如意。我也注意到，我曾经面临的一些灾祸最终都使我受益匪浅，几乎没有例外。

尽管我的童年非常艰辛，但我依旧非常积极进取，不会把事情归因到自己运气不好。我在生活中非常积极。我不会眼睁睁看着事情出问题，相反，我会立刻采取行动。艰辛的童年时光也使得我更加坚毅，努力去得到自己想要的东西。

我从医学院毕业后，被斯坦福、耶鲁和约翰斯·霍普金斯大学录用担任实习医生。

1984 年，我结束实习期后，与一家小型医院签订了工作合同，担任病理学医师。就在我正式工作前一周，我变卖了绝大部分的家具，把仅剩的一些搬运到了自己的新家。随后我接到了一通电话，医院的主任在电话中告诉我，医院被一家大公司收购，我先前签订的合约已经无效了，因为他们不再享有对医院的管理权。于是我失去了合同，变成了待业青年。我当时非常沮丧。但我留意到在海湾地区有一家医院急需招聘医生，负责开发一个新兴却发展迅速的医药领域——我从来没想过自己会转行，但我最终被录用了，得到了这份工作。现在我简直无法想象自己不做这行而投身其他的工作。回顾过往，我知道自己并不适合成为一名病理学医师。如果我当时走那条职业道路，我一定会痛苦万分的。因此一些灾难性的祸事最终能变成一件好事。

许多访谈都印证了这个理念，即幸运者在生活中会采取新奇的方式来解决问题。在第四章，我描述了乔纳森是如何通过冥想来增强自己在工作中的直觉的。在本章前面，我也提到他出了名地能化厄运为好运，能够放下降临在自己身上的不幸事件。当我采访乔纳森的时候，他告诉我，他面对失败时会坚持不懈，喜欢尝试新奇的方法来解决问题。

我的祖父是德国人，他经常会对我说一句话，大意就是："对我们家来说，成功并不容易。但它最终还是会拜访我们家的。"我总是告诉孩子们要永不言败。过程会很艰辛，但是成功终将来临。祖父的生活态度始终影响着我——哪怕只有1%的可能性，我都不会放弃。同时我也善于随机应变。我并不认为自己是一个传统意义上富有创造力的人——我天生在音乐和艺术领域没有太多创造力。但是我在遇到问题时善于进行发散思维，而不是死板地直视问题。我喜欢挑战自己的专注力，但同时我也会试着跳出问题，不去片面地看待问题，而是通过与众不同的方式来全面审视问题，发现解决方法。

幸运的人会运用更为有效的方法来面对生活中的厄运。他们会采取行动，不断坚持并思考不同的解决方法。这些都帮助他们最大限度地降低在未来遭遇厄运的概率。

艾米丽的故事

艾米丽的经历或许最能说明厄运是如何被转化为好运的。艾米丽今年 40 岁，来自加拿大不列颠哥伦比亚省，现就职于旧金山一家出版公司。艾米丽相信她大部分的好运气都源自生活中遇到的一些不幸的事情。

当我还是个小女孩的时候，父母就一定要我加入一个女生组织，类似于女童子军。加入仪式在当地的教堂举行，那儿有堵高约 35 英尺的墙，很容易攀爬。我想要爬上去，显摆一下。正当我爬到顶部时，我听到钉子从墙里掉落的声音。当时就像拍恐怖电影一样，4 个钉子掉了出来，我狠狠地摔在了地上。我差一点就摔死了，但好在只是摔断了腿。我在接下来的 6 个月里都无法走路，但至少我还活着。

当艾米丽 32 岁的时候，她在不列颠哥伦比亚省的一家美术馆工作。有天晚上，她准备骑自行车回家，骑到一个小巷的时候，一辆没有打前照灯的汽车突然从黑暗中笔直地冲向她。汽车撞到了她自行车的前轮，轧过艾米丽的头顶后，司机肇事逃逸。艾米丽的头部受伤严重，但她又一次死里逃生，化厄运为好运。

在不列颠哥伦比亚省，政府给每辆车都上了保险，所以即使我不知道肇事车辆的牌照，我依旧可以起诉他。我获得了 3 万加币。这使得我能够在生活中尝试一些谋划已久的积极改变。我离开了加拿大，来到了美国，顺利地在出版业找到了一份工作。由于那次死里逃生的经历，我翻开了人生的新篇章，就像凤凰涅槃一样。

艾米丽的生活中多次遭遇此类事情。她遇到这些厄运真的非常倒霉，但她对待厄运的态度和行为却使得她能化厄运为好运。

就像去年春天，我摔伤了膝盖，但我当时并没有医疗保险。我几乎无法行走，拄了 5 个月的拐杖。其他人可能会觉得："噢，我的天，你还住在 3 楼，只能被困在里面。"我却觉得："这没什么，我还能在屋子里到处坐着，享受好几个月的慢生活，这还好啦。你想不想过来，一起看部电影？"我不会去抱怨自己无法跳舞、无法骑车的事实，相反，我会去享受现在所拥有的一切。

我有许多方法来应对厄运。我会想，好吧，我可以选择死盯着问题不放。但我也可以想自己能做些什么来积极地改变自己的命运。曾经，我对于生活中厄运的焦虑会时常让我从梦中惊醒，让我感到难受恶心，导致睡眠严重不足。这使得我第二天的工作效率非常糟糕。但现在，厄运对我而言就是一个磨炼自己的机会。当我惊慌失措地醒来时，我会想："你在凌晨4点钟什么也做不了，你现在无论做什么都无法对你需要做的事情产生积极的影响。所以把这些焦虑抛出去，然后接着睡觉吧。放下你的焦虑。"

我人生中一些最美好的经历都源自曾经最糟糕的经历。随着我年龄越来越大，我逐渐不愿去冒险——我不太愿意承担太多的风险。但我也担心，如果我不再拥有冒险精神，那么我或许也无法从中获得意外的惊喜。于是我现在试着在可控的实验和现实的冒险中找到一个平衡点，适度地把握机遇，探索人生的各种可能。

运气就是运气，没有好坏之分。人们会说这件事情是运气好或运气不好造成的。但对我来说，运气就是运气，没有好坏之分。但你可以选择看到它好的一面，也可以选择看到它不好的一面，一切都取决于你的选择。

运气练习 14：你的运气档案——法则之四

第九项询问你看待生活中各种事件的积极程度，第十项询问你是否能从长远的角度来看待生活中的厄运，第十一项询问你对于过往失败经历的沉溺程度，第十二项关注你从过往厄运中试图学习成长的情况。

得分：

请重新看下你当时在这 4 个陈述中的得分情况，把它们的数字相加，得到一个总分（如下表所示）。它就是你在第四项幸运法则上的得分。

陈述	你的得分（1~5）
9. 无论发生什么事情，我往往能看到它积极、阳光的一面。	5
10. 我相信即使是消极的事件，从长远来看，也会对我有积极的影响。	4
11. 我并不会沉溺于过去糟糕的经历而裹足不前。	5
12. 我努力从过往的错误中吸取经验教训。	4
第四项幸运法则的总得分	**18**

现在请对照下表，看下自己的得分属于高、中、低的哪一等级。请在你的运气日志里记下得分与等级，我们稍后讨论哪些是增强你生活中运气的最佳方式时，这些数据会非常重要。

低得分	中等得分	高得分
4 5 6 7 8 9 10	11 12 13 14 15 16	17 18 19 20

18 = 高得分

我邀请了大量的幸运者、倒霉者和中立者完成他们的运气档案。幸运者在这些项目上的得分高于其他人。倒霉者更容易得到最低的

分数。（见下表）

幸运者、中立者和倒霉者在"运气档案"问卷中的平均得分

总结　厄运中的蜕变

　　幸运者并非天生就具备魔法能化厄运为好运。他们只是在潜意识中运用了四项基本法则来克服生活中的厄运，甚至能在厄运中成长蜕变。第一，幸运者会假设事情可能变得更为糟糕的状况，并和那些比自己更不幸的人进行比较。第二，幸运者具备"长远的目光"，相信厄运会带来好的结果。第三，幸运者不会沉溺于过往的厄运。第四，幸运者相信，面对厄运，他们是可以有所作为的——他们不

会放弃，横向地发散性地思考问题，并从自己的错误中吸取教训。这些方法解释了他们为什么具备非凡的能力去应对生活中的任何厄运，甚至经常能从厄运中成长蜕变。

基本法则之四：化厄运为好运

幸运者能够将自己的厄运转化为好运。

子法则：

1. 厄运的积极一面。

2. 总会时来运转。

3. 不沉溺于厄运裹足不前。

4. 采取措施避免厄运。

增强你生活中的运气

接下来的方法和练习将帮助你化厄运为好运。仔细阅读并思考你可以如何将它们融入自己的日常生活中去。在第八章，我将系统地说明如何最有效地使用它们来增强你生活中的好运气。

1. 看到厄运中积极的一面。

幸运者更容易看到厄运中积极的一面。他们会假设事情本可能变得更糟糕的情况。你应该还记得马文觉得自己从楼梯上摔下来只是扭伤了脚踝这件事情真的很幸运，因为他觉得自己本可能会摔断脖子。幸运的人也总是与那些比自己更不幸的人进行比较。还记得米娜吗？她将自己和那些在二战中亲眼所见承受悲惨遭遇的人进行比较，从而减轻生活中的厄运对自己造成的消极影响。试着像马文和米娜那样思考问题，无论发生什么事情，都能看到其中积极的一面。

推荐练习

在垃圾堆中发现宝藏

我让幸运者描述自己会运用哪些方法来看到厄运中积极的一面——以下 3 个是被最频繁提及的方法：

- 想一想事情本可能变得更加糟糕的情况。你可能会经历一起车祸，但你至少活了下来。你也许在一个重要约会上迟到了，但你好歹赶上了这次约会。

- 问一问自己这件倒霉的事情对你而言是否真的很重要。你的升职请求也许被拒绝了，但这件事是否会影响你生活中重要的方面，比如你的健康、你的人际关系？你也许会弄丢钱包和信用卡，但这些对你的生活真的有很大的影响吗？

- 将自己和那些比你更倒霉的人进行比较。你也许会悲痛，但这个世界上还有许多人正饱受着更加严重的疾病折磨。和他们比起来，你的悲痛不值一提。

每当厄运降临时，请使用这些方法让自己对现状感到更好受一些。

2. 请记住你生活中的厄运也许会带来最好的结果。

幸运者同时也具有"长远的目光"——如果厄运降临在他们身上，他们期望厄运最终会带来最好的结果。还记得约瑟夫认为自己锒铛入狱的经历是自己人生中最幸运的事情吗？像约瑟夫那样思考问题——从长远的角度来看待厄运，并记住任何厄运都可能带来最好的结果。

推荐练习

成为浴火重生的凤凰

许多有悲惨遭遇的人表示，从长远的角度来看，这些经历帮助他们重新评估自己的生活，发现对他们而言哪些事情才是真正重要的，比如家庭和朋友。当坏事发生的时候，请花一点时间告诉自己，你眼下的厄运也许能带来好运。你要乐于创新，想出各种方法让自己的厄运成为通往好运的一块必要踏板。让我们假设一个情景，你刚参加了一场面试，表现得非常糟糕。但你仍然在人才市场苦苦寻觅工作，这一事实也意味着你会被激励着去申请其他的工作机会，说不定你能够找到一个比之前面试的更好的职位。又或者被拒绝后你打算参加一个聚会，然后得到了一个改变人生的重大机遇，而你恰好因为自己有大把的时间从而能充分把握这个机会。

现在请问自己两个问题——有什么证据表明这些积极的事情不可能发生？又有什么证据表明你的厄运不会带来一点点积极的事情？两个问题的答案都是"没有"。你不知道未来有什么在等待着你。唯一确定的是，如果你不让自己被厄运击垮，那么事情一定会向好的一面发展。

3. 不要沉溺于厄运之中。

幸运者不会沉溺于过往的厄运，相反，他们会着眼于曾经的好运，以及未来会发生的好事。如果你经历了厄运，尽力不要沉溺其中。让我们一起拭目以待这样做的好处吧。

推荐练习

转移你的注意力

一些幸运者表示，当遭遇厄运时，他们发现给自己大约 30 分钟时间来发泄负面情绪是非常有用的。有些人会选择痛哭一场，有些人会捶打拳击袋，有些人则会来到旷野大声尖叫来宣泄情感。无论选择哪种方式，幸运者们都一致认为，不沉溺于厄运是非常重要的。这里有一些建议帮助你将自己的注意力从厄运中移开。

去健身房——锻炼能有效地帮助你忘掉烦恼并振作精神。

看一部喜剧片——选择一部能令你捧腹大笑的电影，尽力让自己全身心地投入其中。

花大约 20 分钟时间想想曾经遇到的好事——那些让你感到非常开心的事情。如果可能的话，你可以翻看那个时期的照片。在脑海中再现当时的情景，回想当时自己的感受。

听音乐——选择那些让你感到开心的音乐，尽力让自己全身心地投入其中。

安排与朋友们的见面，听听他们的生活近况。

4. 采取有效方法来避免今后遭遇更多的厄运。

幸运者会采用有效的方法来解决生活中的问题。他们不相信迷信，相反，他们会选择坚持，从过去的错误中吸取教训，用创新的方式来面对生活中的厄运。千万不要向不幸的雪莉学习。她经历了数起车祸，却丝毫不去提升自己的驾驶技术，而是把自己的厄运都归咎于那些破车上。我们要向幸运者学习。他们会从过往失败的面试和约会中吸取经验教训。当厄运降临时，像幸运者那样应对——掌控整个局面，并采取有效的方法来解决问题。

推荐练习

五步法解决问题

有效地解决问题包含五大基本步骤。当你遭遇厄运时，不妨采取以下方法。让我们一起拭目以待之后的结果。

第一步，不要认定自己对现状无能为力。下定决心去掌控局面，不要成为厄运的受害者。

　　第二步，现在就行动起来。不是下周也不是明天，就是现在。

　　第三步，列一份清单，写下你所有可能采取的方法。想一些富有创意的方法。请你跳出思维的局限。尝试从不同的角度来看待问题。试一试头脑风暴。尽可能想出各种可能的解决方法，无论它们看上去多么愚蠢或荒诞。你也可以问问自己的朋友在相同的情况下会怎么做。不断在清单上增加可能的解决方法。

　　第四步，决定你接下来会怎么做。思考每一个可能的解决方法。每一个方法需要花费多长时间？你是否具备实施这个方法所需的知识和技能？如果你决定采取某个方法，它可能会导致什么结果？

　　第五步，最后也是最重要的一步，即着手解决问题。当然，有时候适当等待比起鲁莽行事是更好的解决方法——如果你的不作为不是一种单纯的拖延，而是计划中的一部分，这样做也没问题。同时，随着情况的变化，时刻准备调整你的解决方法。自制力和灵活度都是变得幸运的关键要素。但重点在于你应该着手去解决问题，而不是死盯着问题不放。

幸运法则总结　幸运的四项基本法则和 12 项子法则

基本法则之一：最大化你的每次机遇

幸运的人能够创造、发现并把握生活中的机遇。

子法则：

1.建立一张强大的"运气网"。

2.放松的生活态度。

3.幸运者欢迎生命中的新鲜事物。

基本法则之二：听从你的幸运预感

幸运者能凭借直觉和预感做出正确的决定。

子法则：

1.聆听"内心的声音"。

2.增强自己的直觉。

基本法则之三：期待好运

幸运者对于未来的期盼帮助他们实现梦想和目标。

子法则：

1.好运能一直延续到未来。

2.机会渺茫也不放弃。

3.与他人的相处能很幸运和成功。

基本法则之四：化厄运为好运

幸运者能够将自己的厄运转化为好运。

子法则：

1.厄运的积极一面。

2. 总会时来运转。

3. 不沉溺于厄运裹足不前。

4. 采取措施避免厄运。

放手去做，
创造更幸运的生活

挖掘幸运的秘密是个漫长却很有价值的过程。几千年来，人们认识到幸运的重要性，但认为这是一种神秘的力量，用尽一切手段却遍寻不着。实际上，你才是自己未来的创造者，依照书中的方法，你就能收获生命中想要的一切。你所要做的只是秉持一种真诚的转化的愿望，一种以全新的方式来看待你的幸运的意愿。现在就行动起来，未来掌握在你的手中。

第七章

揭开幸运的秘密

　　我的研究项目包含了大量的实验、上百次访谈以及上千份问卷调查。我已经成功地揭开了运气的真正秘密。运气并不是一种魔法，也不是上帝的馈赠。它是一种心态，是一种思考和行为的方式。人们并不是天生就幸运或倒霉的，相反，生活中绝大部分的好运和厄运都是由自己的思维、感觉和行动所创造的。研究表明，幸运生活的背后潜藏着四项基本的心理学法则。第一项基本法则解释了幸运者的性格是如何帮助他们创造、发现和抓住潜在的各种机遇的。第二项基本法则揭示了他们是如何通过聆听自己的直觉，相信自己的幸运预感来做出各种成功的决定的。第三项基本法则说明了幸运者对未来的预期是如何变成自证预言，从而使他们梦想成真的。第四项也是最后一项基本法则，它关注幸运者坚韧不拔的生活态度和行为是如何帮助他们化厄运为好运的。

越是深入思考我的研究成果，我就越相信还有一块遗落的拼图，找到它才能真正解开运气的实质。心理学并不仅仅在于理解人们思维、感受和行动的方式。心理学常常是关于改变和转化。它帮助人们过上更开心、更满意的生活。我发现的四项基本法则能否用来增强人们生活中的好运气？它们除了能解释运气外，能否被用来创造运气？

几百年来，人们一直在寻找一个有效的方法来增加生活中的好运气。幸运符、护身符的使用几乎能在所有的文明中找到踪迹。在异教徒的宗教仪式中就有触摸树木的传统。据说，人们通过这些仪式来向仁慈又强大的树神寻求庇佑和帮助。13 被认为是不吉利的数字，因为在耶稣最后的晚餐上一共有 13 个人。当梯子靠在墙上就会形成一个天然的三角形，这被视为三位一体（圣父，圣子，圣灵）的象征。因此在梯子下行走就会打破三位一体，从而招来厄运。

我们仍然会有许多这样的信念和行为。1996 年，盖洛普民意调查组织询问了 1000 名美国民众是否迷信，53% 的受访者表示自己有一点迷信，25% 承认自己在一定程度上或者非常迷信。另一项调查显示，72% 的民众至少会拥有一个幸运符。我们有充分的理由相信，民众如此多的迷信想法也只不过是冰山一角。有研究表明，许多人也许不愿意承认自己迷信的事实。例如，一些调研显示，只有12%的受访者表示自己会避免从街上的梯子下通行。一位英国研究员想弄清楚这是否如实反映了人们的迷信水平。为此，他在市中心人流密集的街道上靠墙架了一把梯子。他惊讶地发现，超过70%的民众宁愿冒险绕道走上马路也不愿从梯子下通行。

迷信的想法和行为世代相传。父母把这些迷信告诉我们，我们转而又告诉自己的孩子。但这些迷信为什么能经久不衰？答案就是，运气具有强大的能量。纵观历史，人们已经意识到好运和厄运能够改变他们的生活。瞬间的厄运能够让多年的辛苦奋斗化为灰烬，瞬间的好运却能节省多年的辛苦奋斗。迷信的现象表明人们试图掌控和增强这些最令人难以捉摸的因素。这些经久不衰的迷信想法和行为反映了人们渴望找到能增强自己好运的方法。简而言之，迷信的产生以及长久的存在都是因为它能许诺人们最难以掌控也是最渴求的人生之道——增强好运的方法。

但问题是，迷信并不管用。在前面的章节，我谈到，恰恰是倒霉者倾向于相信并采取迷信的行为，幸运者并不相信迷信。许多其他的研究者也检验了这些古老迷信的可信度，结果发现它们并不可信。其中一名叫马克·莱文的高中生进行了一个非常与众不同的实验研究，这也是我很喜欢的一个实验。在一些国家，一只黑猫从你面前走过被视为吉利，而在一些国家则被视为不吉利。莱文想知道当黑猫从面前走过时，人们的运气是否真的会发生变化。为此，他请两个人通过简单的掷硬币游戏来检验他们的运气。接着，一只黑猫会从他们面前走过，参与者随后会再玩一次掷硬币的游戏。作为"对照"组，莱文也会用一只白猫而非黑猫来重复这个实验。经过大量的猫咪穿行以及掷硬币游戏后，莱文总结认为，无论是黑猫还是白猫都对参与者的运气没有任何作用。

迷信不管用是因为这些想法是过时的且错误的。迷信的产生是因为当时人们认为运气是一种怪力乱神，它只受神秘的宗教仪式和奇异行为的操控。我的研究已经揭示了幸运生活背后的真正秘诀。我还想知道这项研究是否有可能去帮助人们增强生活中的运气？是否有可能让倒霉的人变得幸运？是否有可能让幸运的人变得更加幸运？

1999 年元旦前一夜，我站在伦敦泰晤士河边。我周围聚集着成千上万名庆祝千禧年的民众。当零点的钟声越来越近，我突然想知道此刻是否是一个千载难逢的机会，我是否可以用一个更加科学的方式来探索一个几千年来始终困扰人们的问题。我想知道有没有可能去创造一些新的方法来帮助人们过上更幸运的生活。我脑海中想到的方法并非让他们交叉手指、触摸树木或避开梯子。相反，我想鼓励人们将幸运的四项基本法则融入他们的生活中去。此时此刻，我应该鼓励人们从口袋中掏出幸运符，把它塞进自己的脑袋中。

我决定启动一个项目来探究当人们像幸运者一样思考和行动时，他们是否能增强生活中的好运。我想要把他们送进"幸运学校"，来研究当人们遵循你读到的这些幸运的法则和方法时，他们能否提升自己生活中的好运。整个项目由两个环节组成。在第一环节，我会单独和每一位参与者面对面解释这个项目与众不同的特点。同时我也会给每人发一本"运气日志"，里面包含许多你在这本书中碰到的问卷和练习。随后我要求他们完成3份问卷调查。第一份是运气档案。这份问卷要求他们回答自己对运气的每一项子法则的同意程度。第二份是运气问卷。这份问卷向他们描述了典型的幸运者和倒霉者的特征，随后要求他们评估每一项描述与自己的符合程度。第三份是生活满意度问卷。这份问卷要求他们评估对总体的生活情况以及5个重要领域的满意度，5个领域包括：家庭生活、个人生活、财务状况、健康状况和职业发展。如果你一直坚持完成这本书中的练习，那么你已经完成了这3份问卷。运气问卷和生活满意度问卷都使我能精确和客观地衡量参与者在生活中运用这些幸运法则前的幸运程度和生活满意度水平。

在完成这些问卷后，我通过访谈了解运气在参与者生活中所起到的作用。我们聊了许多不同的话题，包括他们是否认为自己很幸运或倒霉、运气是否影响了他们生活中的特定方面、他们是否外向、是否相信直觉等。同时我也请他们完成许多这本书上介绍过的练习，比如"想一想厄运""对待厄运的态度"。

最后，我讲述了幸运的四大基本法则以及12项子法则，并解释了幸运者是如何使用这些方法来创造生活中的好运气的：他们的性格会帮助他们创造、发现和抓住生活中的潜在机遇（基本法则之一）；他们愿意聆听内心的直觉、相信自己的幸运预感，这能帮助他们做出成功的决定（基本法则之二）；他们对未来的期望会变成自证预言，从而使他们梦想成真（基本法则之三）；他们对待厄运时坚韧不拔的态度可以化厄运为好运（基本法则之四）。我简要概述了每项法则背后的原理，并用我与幸运者和倒霉者的访谈以及我的调查和实验的结果作为例子加以说明。简而言之，我将你先前在这本书中看到的章节内容进行了总结归纳。

在项目的第二个环节，大约在初次见面的一周后，我又单独和每位参与者进行了面对面交流。我向他们解释了你先前在每个法则后面阅读过的这些方法，并请他们在接下来的一个月中将这些方法融入自己的生活。从很多角度来看，这是"幸运学校"中最重要的部分。为了让你们对这个项目的架构有个清晰的了解，在下一章，请把自己当成一名参与者吧，让我们共同继续探索之旅。

第八章

通过学习使自己成为运气好的人

　　欢迎来到"幸运学校"。你已经阅读了幸运生活背后的基本法则和子法则，学习了各种实用的方法来帮助自己像一个幸运者一样思考和行动。在"幸运学校"，我希望你能在接下来的一个月里将这些方法融入自己的生活，一起来看看它们是否使你变得更幸运。为了最大化课程的效果，我将带领你走进 5 个非常不同的阶段。让我们一一来了解。

第一阶段——签订"幸运宣言"

在第一阶段，你需要签署一份特殊的"幸运宣言"—— 一份简单的声明，表明你打算在接下来的一个月里将那些方法融入自己的生活。这份宣言就是回答一个非常简单的问题——你是否真的准备好投资恰当的时间和努力去提升你的运气？如果你的答案是"否"，那么就没有必要进入下一阶段的学习了。我并没有一支魔法棒，简单挥一挥就能让你突然变得更加幸运。

运气也绝不是这样获得的。但是如果你已经做好准备，愿意试着对你的思维和行为方式做出一些改变，那么我希望你能翻开自己的运气日志，在新的一页抄写好下面的一段话：

我想要增强生活中的运气，并且我已经做好准备，尝试对自己的思维和行为方式做出必要的改变。

现在请在宣言下方签上你的名字，谢谢。

第二阶段——制作你的运气档案

你也许还记得先前自己已经完成了运气档案，计算出了这份问卷四个部分的各自得分（见第三、四、五、六章末尾）。请回看这四

部分的得分，随后在运气日志的新一页上复制并完成下表。我也在
表格下方提供了一份样表，供你参考。

法则	你的得分	低 / 中 / 高
1. 最大化你的每次机遇		
2. 听从你的幸运预感		
3. 期待好运		
4. 化厄运为好运		

样表

法则	你的得分	低 / 中 / 高
1. 最大化你的每次机遇	12	高
2. 听从你的幸运预感	3	低
3. 期待好运	11	中
4. 化厄运为好运	18	高

这张表格能一目了然地帮助你了解自己在幸运的四项基本法则
中的各项得分情况。它同时也表明了哪些法则你目前还没有在日常
生活中加以运用。当你想要改变自己的运气时，这些信息将帮助你
重点关注那些你需要融入生活的方法。例如，如果你在第二项基本
法则上得分较低，那么你就需要思考该如何更多地关注自己的直觉。
如果你在第三项基本法则上得分中等，那么你也应该关注如何增加
自己对未来能变得更加幸运的期望，这样做或许也能让你获益匪浅。
如果你在第一项和第四项基本法则上得分很高，那么你就没有太多
必要尝试提高生活中的机遇或化厄运为好运的能力。

第三阶段——将方法融入你的生活

　　我在每项法则后都列举了各种方法和练习，帮助你像幸运者一样思考和行动。仔细阅读每项法则或你需要在生活中提升的法则所对应的方法和练习。当你再次浏览它们的时候，请思考一下你该如何在接下来的一个月里将它们融入自己的日常生活。

　　例如，如果你需要提升自己的直觉（基本法则之二），你也许可以通过名为"拜访洞穴里的老者"和"做出决定，然后停下来"的练习来增强你聆听内心声音的能力。你也许也想运用一些简单的方法——如名为"冥想"的练习——来增强自己的直觉。

　　如果你需要提升自己对未来的幸运期望（基本法则之三），那么你可以复习一下与之相关的子法则下提供的练习，比如"肯定你的好运气"和"看到好运"，随后将它们融入你的生活中。

　　我总结了书中提到过的各种练习，希望能帮助你挑选出最有效、最适合你的方法和练习。

运气练习总结

基本法则之一：最大化你的每次机遇

1.建立一张强大的"运气网"。

结识 4 个人

保持联络的游戏

2. 逐步养成更为放松的人生态度。

放轻松，行动起来

3. 敞开心胸，拥抱生活中的新奇经历。

掷骰子游戏

基本法则之二：听从你的幸运预感

1. 聆听"内心的声音"。

拜访洞穴里的老者

做出决定，然后停下来

2. 采取各种方法来增强你的直觉。

冥想

基本法则之三：期待好运

1. 期待未来能有好运。

肯定你的好运气

设立幸运目标

2. 即使成功的机会非常渺茫，你也要尝试去实现自己的梦想。面对挫折，你依旧要坚持不懈。

进行成本—收益分析

3. 期待你与他人的交往相处能够非常幸运和成功。

看到好运

基本法则之四：化厄运为好运

1. 看到厄运中积极的一面。

在垃圾堆中发现宝藏

2. 请记住你生活中的厄运也许会带来最好的结果。

成为浴火重生的凤凰

3. 不要沉溺于厄运之中。

转移你的注意力

4. 采取有效方法来避免今后遭遇更多的厄运。

五步法解决问题

第四阶段——写下你的运气日志

到目前为止，我们已经讨论了"幸运学校"里的前 3 个阶段。在第一阶段，我要求你写一份简要的宣言，表明你想要改变的决心。在第二阶段，我们回顾了你的运气档案，明确了你将在哪些幸运法则中获益最大。在第三阶段，我们探讨了改变运气的一些方法和练习，它们会帮助你拥有幸运者的思维和行为方式。现在我们来到了第四阶段。这个环节至关重要，请你在接下来的一个月内，每天都把发生在自己身上的幸运事件记录在日记本中。

请翻开你的运气日志，在接下来的 30 页纸上逐一写上数字 1~30。每晚，花一点时间把当天遇到的幸运事件记录下来。你不需要长篇大论，只需简要地描述你遇到的幸运事件。请尽可能多地记录下各种幸运事件。这些内容可以是看似微不足道的小事，也可以是至关重要的大事。

每天早上，回顾你前一天遇到的幸运事件。

第五阶段——最后的思考

在课程快结束时，我想要和你分享两个感悟。

第一，事情要一件一件做。创造一个幸运的生活需要时间。你可以先试着联络几个人，多聆听自己内心的声音，对未来抱有稍高一点的期望，等等。一周之后，你很有可能会遇到一些额外的幸运事件。这将成为一个重要的催化剂，加速你未来的改变。这些小事件将帮助你像一个幸运的人那样感知、思考和行动。而这也会使得你将这些幸运的法则和方法更多地融入自己的生活。这样就形成了一个良性的循环。慢慢地，你一定能变成一个更幸运的人。

第二，这些年我感受最深的就是：幸运者之所以能如此幸运，并非因为上帝只对他们微笑，也并非因为他们天生就很幸运。幸运者只不过是在潜意识中运用了许多方法来使自己在生活中变得特别幸福、成功和满足。事实上，因为这些方法非常有效，所以有时候会让人们错以为幸运者天生注定能过着令人羡慕的生活。但其实，幸运者和其他人并没有什么不同。事实上，你也可以成为那位幸运者。既然现在你已经知道了幸运者会使用哪些方法，我相信你也可以像他们那样幸运。

你所要做的就是努力去实践你的幸运宣言。

THE LUCK

FACTOR

< 总能做出正确决定的幸运法则 >

第九章

打造全新的自己

参与者们在完成"幸运学校"的课程后开始改变他们的思维和
行为方式，一个月后我和每位参与者进行了长谈，了解他们这段时
间内的变化。在最后这次访谈中，我让他们回顾了自己的"运气日
志"，并客观地评估自己在这个月里遇到的幸运事件是增加、减少还
是保持不变。访谈过后，我也让他们再次完成了运气问卷和生活满
意度问卷。

我用各种不同的方式分析了这次项目的各种数据和结果。首先，
在最后这次访谈中，每位参与者都提供给我一份生活记录，反映了

幸运法则对他们的生活造成的影响。其次，我将他们在入校初期和末期完成的运气问卷和生活满意度问卷进行了比较，客观地衡量他们是否有变成一个更幸运的人，以及是否对生活的不同领域拥有更高的满意度。

本章将概述参与者从"幸运学校"毕业后的收获。一些参与者以及他们的经历在本书前面的章节中已经提到。本章中，你还将首次读到一些全新的案例。

帕特丽夏的故事：摆脱厄运阴影

帕特丽夏今年28岁，是第一位进入"幸运学校"的学员。第一次见面的时候，她告诉我，她从记事起就一直很倒霉。

几年前，她就职于一家有名的航空公司，担任机组成员。不久，她在同事们中就有"倒霉鬼"的恶名。她第一次登机服务时，就遇到了一家人，喝得酩酊大醉，大发酒疯。经劝说无果后，一家人最后被强行带离飞机。航班因此事被迫停留多时。没过几天，帕特丽夏服务的另一架飞机不幸被闪电击中。几周过后，她所在的飞机在着陆时制动系统出现故障，最终不得不出动消防车才得以在飞机跑道上将灾情消除。

帕特丽夏的厄运还影响了生活中的其他许多方面。像许多倒霉者一样，帕特丽夏频繁地在出行时遭遇延误。她认为自己就是个倒霉蛋，并且自己的厄运会传染给周围的人。她现在再也不会对人们说"祝你好运"，因为她觉得曾经的这些祝福都使得朋友们在重要的面试和考试中以失败收场。在第一次与帕特丽夏面谈时，我请她说说自己在遭遇厄运时的感受。

我就想："噢，老天，怎么又遇到了。为什么我就不能遇到一些好事呢？"木头一定是我生命中的克星。我一直都会摸摸它，暗自祈祷："请让我遇到一些好事吧。"但结果往往事与愿违。我甚至在购物方面也非常倒霉。每当看到自己喜欢的服饰，商店要么没有我需要的尺码，要么就是我买下的那一件质量有问题。

我也询问帕特丽夏是否觉得可以改变自己的厄运。帕特丽夏不相信自己具备这样的能力，她认为有些人天生就是很倒霉，他们很难去改变这些命中注定的事情。她的运气档案和访谈都表明，她在幸运四大基本法则上的得分都很低。

当我询问她关于结交朋友和同朋友保持联系方面的情况时，她解释说，自己刚从别的地方搬过来，因此认识的人并不多。她还说自己和朋友们都分隔两地，并且自己也不擅长和人们保持长久的联系。

和许多倒霉的人一样，帕特丽夏表示自己不太听从直觉，事后也总是后悔万分。这件事情对她的生活产生最负面影响的当数她第一次的情感生活。

我觉得我是在错误的地点、错误的时间，认识了一个本不应该在一起的男人。我和他相处了四年半的时间。他是一个控制狂，他的控制欲已经发展到我不能自主选择要穿的衣服，要穿什么衣服必须由他来决定。在我开始和他交往前他就有这个恶名。在和他交往两周后，我的朋友就开始劝我离开他，并在之后的两年中反复不停地劝我，看到我无动于衷后才作罢。我对此也有感觉，但我一直犹豫是否要听从我的直觉。我对自己的直觉没有太多信心。

帕特丽夏也预期自己在今后的生活中会始终很倒霉，认为自己无法战胜厄运。我问了她许多先前在研究中问过其他参与者的问题。例如，我询问她，如果面对 3 次失败的约会，她会如何应对。帕特丽夏给出了一个非常典型的倒霉者的回答。

如果我约会失败了 3 次，那么我会躺在地板上大哭一场，觉得自己太失败了，我会大喊："老天，快来救救我！"无论遇到什么事情，我总是会看到其中消极的一面。这个想法总是会出现在脑海中，半夜醒来，我也总是会被事情的消极面所困扰，或者有时候会回想起 10 年前的事，悔不当初，觉得当时要是没说那句话该多好呀。

　　在第一次访谈最后，我请帕特丽夏完成了运气问卷。这份问卷描述了一个典型的幸运者和倒霉者的情况。我请她用 1（完全不符合）~7（完全符合）的数字来评估这些描述与自己的相符程度。她在对典型的幸运者的情况描述上给出了 2 分，而在典型的倒霉者的情况描述上给出了 6 分。为了得到她总的"幸运分"，我用她给出的"幸运"描述上的得分减去"倒霉"描述的得分，最终帕特丽夏的幸运总得分为 - 4 分。这表明她属于倒霉者一类。

　　帕特丽夏随后完成了生活满意度问卷。这份问卷要求她评估自己对于生活的总体情况，以及各个不同方面如健康、财务、家庭生活等的满意度。用数字 1（非常不满意）~7（非常满意）来表示对每个方面的满意程度。如下图所示，她的得分表明她对生活的各个方面几乎都不太满意。

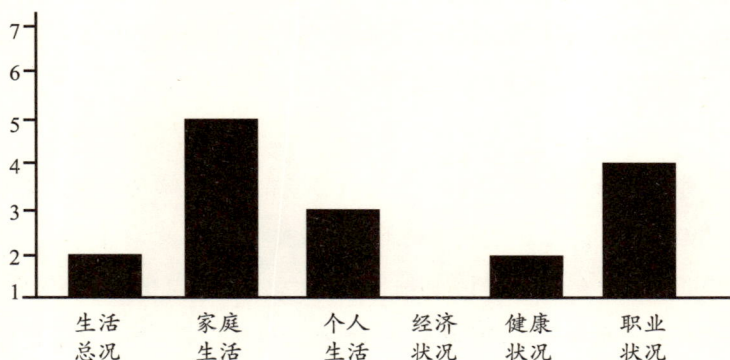

帕特丽夏参加"幸运学校"之前填写的生活满意度调查表

在项目的第二环节，我讲解了自己对幸运的一些理念。我和帕特丽夏讨论了她可以如何将一些简单的"幸运"方法融入自己的生活。我们谈论了聆听自己内心声音的重要性（基本法则之二：子法则一），期待未来会有好运（基本法则之三：子法则一）以及如何避免沉溺于生活中的厄运（基本法则之四：子法则三）。

一个月后，帕特丽夏回来同我再次见面。她看上去更加开心和放松。她高兴地表示自己的运气发生了戏剧性的转变。她第一次感到事情都朝着对自己有利的一面发展。

我太惊讶了。我真的太惊讶了。我从来没想过这些方法会如此有效，但确实有效。它们改变了我的生活。我感觉自己彻底变成了另一个人。这太令人惊喜了。我现在几乎没遇到过厄运。这对我来说是个根本性的变化。

我们的谈话让我意识到一些人对运气竟然有着截然不同的看法，我之前从未有过这样的想法。我没有想到真的有人会觉得自己很幸运。我很惊讶这些想法会出现在人们脑海中。因此当我意识到这件事，我开始觉得："好吧，别人能做到，我没有理由做不到。"随着时间的推移，我生活中的好运越来越多，厄运越来越少。这些方法真的开始起作用了。起初只是一些生活中的琐事，但正是这些事情让我对生活变得更加乐观。于是这些方法在我的生活中逐步生根发芽，发挥积极的影响。

第一周，我打算去商店购买一件几周前就心仪的外套。我以前的购物经历都很倒霉，因此我对购物多少有点恐惧。我觉得自己在商店里还能买到这件外套的概率非常小，但我决定还是去看一看。于是我就去了商店，发现外套还在出售。商店只剩这最后一件了，幸运的是，这件正好是我的尺码，于是我就买了下来。这种事情从来没发生过，这太史无前例了。我以前也总是错过公交车。但那一周里，每当我赶到车站的时候，公交车都没有开走。于是我总能顺利地坐上车。过去我从来没赶上过，一周里面连一次成功的经历都没有。现在我总能成功地赶上公交车。这太不可思议了。

一周过后，我开始想："我的好运气是否只能维持很短的一段时间？"但令我惊讶的是，它竟然一直延续下去了。事实就是如此。一段时间后，我甚至再也不去质疑这个问题了。它使我的生活发生了翻天覆地的变化。

就像前几天，我父母出人意料地给我买了一台电脑。但是电脑缺少了一个配件。以往，我肯定不会想着去解决问题，只会把电脑丢在一边。但这次我决定化厄运为好运。于是我决定到镇上去买缺少的配件。我在一个忙碌的周六下午，开车来到小镇，并顺利地找到了停车位。当我走进商店，我发现自己分文未带。于是我转身往回走，幸运地发现了一台取款机，顺利地取了钱。当我再次走进商店时，它正要关门打烊。但我和销售员快速地沟通了一下，她就让我进去了。我顺利地找到了需要的电脑配件——事实上，这个配件是他们最后一个库存了。这种事情从未发生在我身上——这太美妙了——我感到非常意外。我太惊喜了，我想要和每个人分享这份喜悦。

帕特丽夏成功地将幸运的第二项和第三项基本法则融入了自己的生活。她讲述了聆听"内心的声音"以及对未来抱有幸运预期在她运气的转变过程中起到的关键作用。

我试着更多地去相信直觉。我会花一些时间，认真聆听"内心的声音"。我去电脑商店后的第二天，心中突然有个念头闪过。我觉得自己最好把正在电脑上编辑的文档保存一下。就在我刚保存完的时候，电脑就突然死机了。但好在我的文档已经保存了，那个念头真的发挥了积极的作用。

对未来抱有积极的态度也让我受益良多。起初，每天起床后，我需要强迫自己去确认"今天将是幸运的一天"，诸如此类。但没过多久，我就再也不需要这样做了，因为在不知不觉中，我在潜意识里就会这么想。随着时间的推移，这种想法越来越根深蒂固。我的男友和父母都注意到了我的变化。我现在对未来更加积极，这太美妙了，因为我能变得积极本身就是一个很大的进步。毫无疑问，它对我的生活产生了巨大的影响。我再也不会觉得自己非常倒霉了。

帕特丽夏还发现，不沉溺于自己的厄运、学会掌控厄运以及

∧
∨ ∨
∨

发现厄运中的积极面都缓解了厄运对自己情绪的负面影响，并且帮助她采取更有效的方式面对生活中的厄运。这些方法真的非常有用。

　　我已经成功地扭转了一些厄运。我不再迷信，也不太触摸木头了。

　　厄运仍会发生——我的车坏了，电视机也没法看了，但我似乎已经不会将过多精力放在这些琐碎的事情上了。它们显然已经无法耗费我太多的心力。这给我的生活带来了很大的变化，因为厄运现在已经无法让我变得消沉。以前，我可能会错过公交车，随后又会发生一些倒霉的事情，然后厄运就会如滚雪球般越滚越多，压得我喘不过气来。但现在，如果我错过公交车，我会觉得这也没什么大不了。它和我生活中真正重要的事情比起来显得不值一提。我甚至都不会去想这个问题。这样让我能够更好地控制自己的情绪。我觉得自己变得更像是生活的主人，能主动左右各种事情，而不是干等着它们的发生。

　　在加入"幸运学校"之前，当我的车发生故障时，我首先会想到的是："这种倒霉的事情怎么又发生在我身上，别人就从来遇不到这种事情。"但现在，我会想："好吧，我现在可以做什么来解决问题呢？"显然，现在的想法更加积极和有用。我会想："对的，我现在该采取什么行动呢，我得想办法解决问题，我不能裹足不前，因为这一点意义都没有。一直纠结问题并不能帮你解决问题，你需要行动起来。"

几周前，我需要一套服饰去参加一场舞会。于是我来到商店，看到了一条很喜欢的裙子，但我并没有当即买下来，因为我想着："我一周后再来，如果这件衣服还在，那么我就通过了运气测试，我会把它买下来。"当我再次来到商店时，衣服已经没有了。以前，我会冲出商店，内心感到非常郁闷、痛苦，很有可能就不去参加舞会了。但这次我却看到了这件事的积极一面，我对自己说："好吧，或许我能找到其他合适的衣服。"于是我接着逛商店，并最终发现了一条更好的裙子，而且更便宜，这简直太棒了。于是我欣喜万分，高高兴兴地参加了舞会。

在"幸运学校"结业的时候，我请帕特丽夏回想一下自己在入

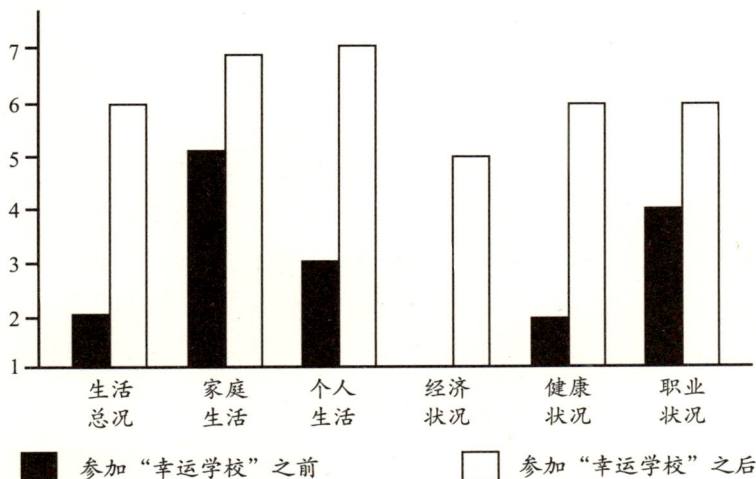

帕特丽夏生活满意度调查表上的得分

学前的运气水平，并评估一下自己的改变程度。帕特丽夏表示，自己的运气增加了 75%。最后，我请她完成了运气问卷和生活满意度问卷。在参与这个项目前，她的运气得分是 - 4 分。完成项目后，她的得分为 +3 分。帕特丽夏从一个倒霉者变成了一个幸运者。或许最为重要的是，她在最后的生活满意度问卷上的得分显示，她现在对自己生活的各个方面都非常满意。

卡罗琳的故事：关注事情的积极面

卡罗琳在"幸运学校"的第一周里，描述了自己始终霉运不断的生活：

我曾经在短短 3 天时间里经历了一系列倒霉的事情。当时我正在和自己 13 岁的女儿玩耍。我知道那里有个深约 30 英寸的洞。但我还是不小心摔了进去，后脑勺撞到了墙上。我当时没觉得很严重，于是就驱车 200 英里回到家。当天晚上，我摔了一跤，又撞到了头，我感觉自己有点脑震荡。于是我去诊所找医生开了一些药。根据医嘱，我需要每天吃 3 次药。第二天，我在吃薯片的时候磕到了牙齿，但我无法及时去矫正牙齿，因为当时我正在服药期间。没过一会儿，我开车又撞到一棵大树上，现场一片狼藉。第二天，我就动不了了——最后诊断显示我的背部严重受伤，而治疗脑震荡的药物当时抑制了我的疼痛，所以导致我没有及时发现。整整 3 周时间，我都只能卧床休息。这就是我倒霉生活的写照。

我在财务问题上也非常倒霉。我姨妈得了乳腺癌，我照顾了她整整 4 年。我们关系很亲密，有天我问她是否同意我买下她的房子。我们都觉得这是个好主意。于是我向银行贷款并办理了按揭来偿还债务。签订协议的那天，我姨妈气色看起来不是很好。于是我赶忙送她去医院，医生怀疑她中风了，无法前往律师处签订房屋转让协议。我和律师约定两周后再次签订协议。然而那天早上，姨妈突然又中风发作，一直都没有好转。现在，我不仅失去了姨妈，还失去了房子，经济状况也是一团乱麻。

在最初的访谈后，我请卡罗琳完成了运气问卷和生活满意度问

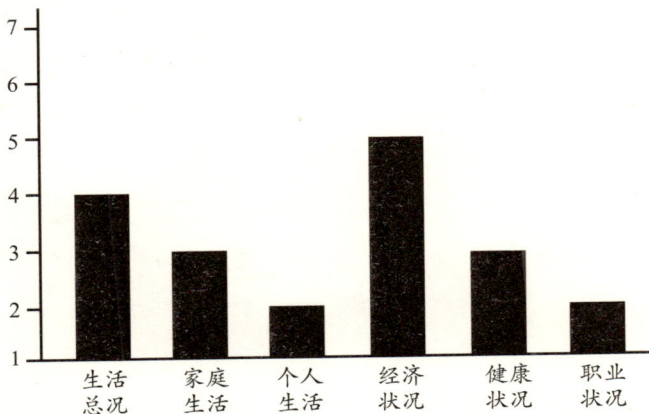

卡罗琳参加"幸运学校"之前填写的生活满意度调查表

卷。她的运气得分为 - 3 分。很显然，她几乎对生活的各个方面都很不满意。

　　我和卡罗琳讨论了她该如何将幸运的四项基本法则都融入自己的生活。一个月后，当卡罗琳回来再次与我见面时，她就像变了一个人。

　　我对此感到非常惊讶。刚开始的时候，我也不敢肯定会发生什么事情。但仅仅几周过后，一切都变了。我变得幸运了。我的朋友们都注意到了我的变化。我更喜欢笑了。我变得更积极乐观了，我不再觉得自己会很倒霉了。这甚至都对我最好的朋友产生了影响。他现在甚至都不会觉得我注定会是个失败者了。我真的很开心，因为一切都变了。当我回顾过去，这感觉真的太不一样了。

　　卡罗琳发现运用不同的方法来看待厄运中的积极一面对她而言非常有用（基本法则之四：子法则一）。她同时也采取了更为有效的方式来面对生活中的厄运（基本法则之四：子法则四）。

　　我在生活中的许多方面都变得更加幸运了。我终于在尝试了 3 年后通过了驾照考试，在竞赛中获得奖金，并且变得更加快乐。最主要的一个变化是，我现在经常思考该如何解决生活中的问题，而不是把问题归咎于自己很倒霉。我房屋的墙壁开裂了，于是我打电话给当地的房屋管理部门。接听电话的女士并没有给我回电话，于是我再次给她打电话，但她始终没给我答复，说是有其他的事要忙。但我并不想就此了之，决定继续打电话。我就想，或许只需要打一两个电话我的生活就会发生翻天覆地的变化。于是我选择继续。我接着给房屋管理总部打电话，并要求和负责人对话。他们帮我转接到了负责人的助理那里，于是我向她说明来意并大吐苦水。她当天就给负责我们片区的房屋管理部门打了电话，帮我向房屋管理人员投诉房屋问题。几天过后，房屋管理部门的两名工作人员就来到我家，并同意负责房屋的所有修缮工作。上周，他们完成了花园的修缮，随后他们会完成必要的房屋翻新——这一刻我整整等了3年时间。这都源于我现在认为自己是真的很幸运，而不像以前，总认为自己对一切都无能为力。

在访谈最后，卡罗琳表示自己的运气提升了85%。她最终运气

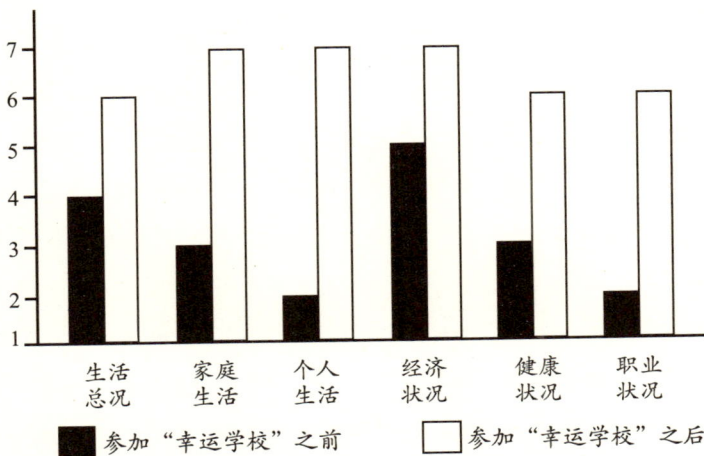

卡罗琳生活满意度调查表上的得分

问卷的结果显示，她的运气得分从 - 3 分增加到 +6 分。她最终的生活满意度问卷也显示，她对于生活的各个方面都更为满意。

其他的毕业生：改变让人生更幸运

帕特丽夏和卡罗琳是参加"幸运学校"学习的众多倒霉学员中的典型代表。我在第四章讲述了玛丽莲的不幸生活。她曾陷入两段糟糕的情感关系，尽管她内心的声音一直告诉她要尽快结束关系。她欣然答应加入"幸运学校"。几周过后，玛丽莲变得更积极乐观了，她表示自己的运气提升了 40%。她主要的进步在于她能够在生活中遇到并抓住更多的机遇（基本法则之一）以及提高了对未来的幸运预期（基本法则之三）。

我试着去掌控自己的生活，并尝试做出一些改变。我开始了一份全新的工作，担任一家杂志的广告顾问。我很喜欢这份工作。我也开始参加各种"特百惠"式的聚会。下周我也将首次举办派对。我也填写了申请表，报名参加一场电视真人秀。他们让我拍一个短视频发给他们。于是我就想象自己运气会很好，视频很对他们胃口。于是，在视频拍摄中，我爬进一个大型的箱子，然后让人给箱子扎上一个大大的蝴蝶结。随后我会开启自拍模式，记录自己从箱子中跳出并大喊："惊不惊喜？你们找到获胜视频了！你们现在看的就是

1 号选手的视频！"我会用几分钟的时间向他们做自我介绍，并告诉他们我想要上电视的原因。如果我能得到面试的机会，我将非常开心。我相信自己会发挥出色。我去年也申请过，但当时我觉得自己很倒霉，我的视频拍得很糟糕，申请表也填得不好。总之，当时我没有发挥好。在恋爱方面，事情也变得非常顺利。我第一次坐下来，认真地思考我的直觉想要对我说什么。我意识到自己对男友很有好感。这感觉太棒了。简直完美。我们不久就要去巴黎。他在我生日那天，出人意料地为我举办了一场生日派对。我太惊喜了。我在这段感情中真的非常幸福，百分之百地感到快乐。

我很想去了解这些方法是否能帮助幸运者变得更加幸运，所以当得知幸运者也愿意加入这个项目时，我感到很高兴。

在第三章和第六章中，我讲述了约瑟夫的幸运生活，35 岁的约瑟夫眼下是一名学生。年轻的时候，约瑟夫总是被警察各种传唤。然而，一次偶然的机会，他在火车上遇到了一名心理学家，两人间的闲聊彻底改变了他的一生。心理学家惊讶地发现约瑟夫对自身行为有着很强的洞察力，她觉得约瑟夫一定能成为一名出色的心理学家。约瑟夫想要做自己生活的主人，于是他研究了成为一名心理学家应具备的各项资质，并最终下定决心要重回大学深造。约瑟夫也具备化厄运为好运的能力。在第六章，我描述了他是如何用"长远"的目光来看待问题，从而缓解生活中的厄运给他带来的负面情绪的。我曾提到，他认为自己锒铛入狱的经历是发生在他身上最幸运的事

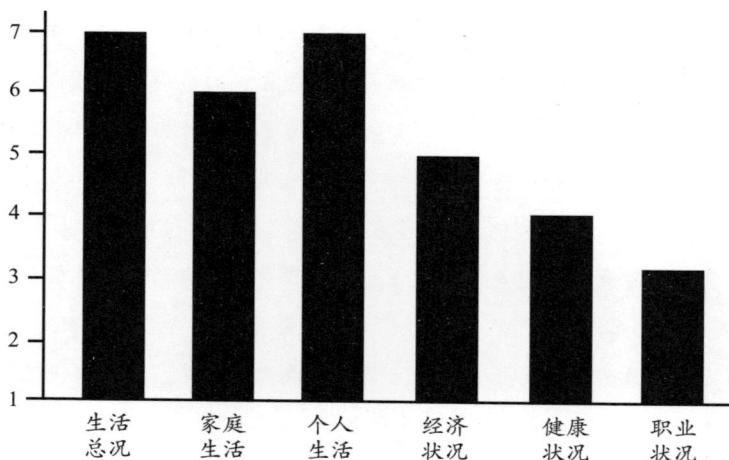

约瑟夫参加"幸运学校"之前填写的生活满意度调查表

情。进入"幸运学校"学习时，约瑟夫正攻读心理学学位，他希望在毕业后能找到一份心理顾问的工作。

当我们初次讨论这个学习项目时，我让约瑟夫完成了运气问卷和生活满意度问卷。不出所料，约瑟夫的运气得分为 +5 分，并且他对生活的许多方面都感到很满意。但是约瑟夫有没有可能变得更幸运呢？

当我向他提及幸运者会运用各种方法来增强生活中的好运气时，约瑟夫立刻意识到其中很多方法他也一直在生活中运用。但他表示，愿意在接下来的时间里有意识地运用这些方法。他专门提到减少厄运的影响（基本法则之四：子法则一、二、三、四）或许会对自己有很大的帮助。我们也讨论了他可能如何来增加生活中出现各种机遇的次数（基本法则之一：子法则一、二、三）。

一个月后，我再次和约瑟夫碰面，他告诉了我自己的近况。他首先描述了自己是如何成功提升在厄运中看到积极一面的能力（基本法则之四：子法则一）。

我以前遇到一些不幸的事情，如果我当时无法看到它们可能产生的积极影响，它们就会让我一蹶不振。好在我之前多少有一些这样的想法，但是现在我更加坚定了这些想法。

有一天我到家后，妻子对我说，我必须和儿子谈谈，因为他在学校的餐厅企图偷窃食物时被当场抓住了。这是他第一次偷东西，幸好他被抓住了。我现在有更加强烈的意识，认为这并不完全是坏事。发生在我儿子身上的厄运也是一种幸运。他很幸运，能够在第一次偷窃的时候就被抓住。因为当年我还是个调皮捣蛋的男孩时，在第一次作案时就没有被抓住。正是因为我当时顺利逃脱了，使我觉得自己肯定不会被抓住，于是才会一次次地铤而走险。

约瑟夫也极大地提升了自己生活中出现机遇的次数（基本法则之一：子法则一、二、三）。

在过去的几周里，我的好运气很多都体现在机遇上。一开始看起来只是一些小事，但它们慢慢发酵，给我带来了许多好运。

∧
∨ ∨

　　有一天，我和一名同学擦肩而过。我跟他不是很熟，但我突然觉得自己应该停下来和他聊一聊。于是我和他打了个招呼，他也随之问我近况如何。我告诉他，自己正在上一门统计学课程，但自己学得并不是很好，老师推荐了一本书，我在书店找到后发现那本书挺贵的。他当即表示自己刚刚选修过这门课程，所以那本书可以免费借给我看。

　　几周前，我在车库正准备取车时，看到地上有一张纸。以往，我很可能就视若无睹地继续往前走，但这次我却把它看成一个机遇。我打算把它捡起来，心想着说不定它是一张彩票或类似的东西呢。不管怎么说，我捡起了那张纸，惊讶地看到它下面有一张 20 美元的纸币。当我捡起钱，我才意识到一共是 5 张 20 美元纸币——整整 100 美元。它就一直躺在地上。

　　但最大的幸运是我被猎头看中了。我在一个机构中担任志愿者，帮助那些智力有障碍的人更好地融入社区。另一个慈善组织听说了我的事迹，于是写信对我说，他们了解我正在从事的工作，想要给我提供一个职位，去关怀那些有学习障碍但又渴望能融入社区生活的人。这份工作需要我去核实并评估申请人的情况是否属实。对方表示，第一年可以提供给我一份有偿的兼职工作。这对我来说真的太好了。因为工作时间和我大学的课程并不冲突，每周只用去 4 天，每天才 3 小时。这正是我理想中的工作类型，这正是我一直梦寐以求的事情。

　　所有的事情都很顺利，比我预期的要更好。我度过了一段美好的时光。过去我也一直对未来有着幸运的期待，但现在我变得更加积极乐观。其他人也注意到了我的一些变化。他们和我在一起时也变得更加积极向上。

约瑟夫表示自己的运气增加了50%。他的运气得分从 +5 变成 +6 分。他在最终的生活满意度问卷上的得分也表明，他现在对自己的生活更加满意了。

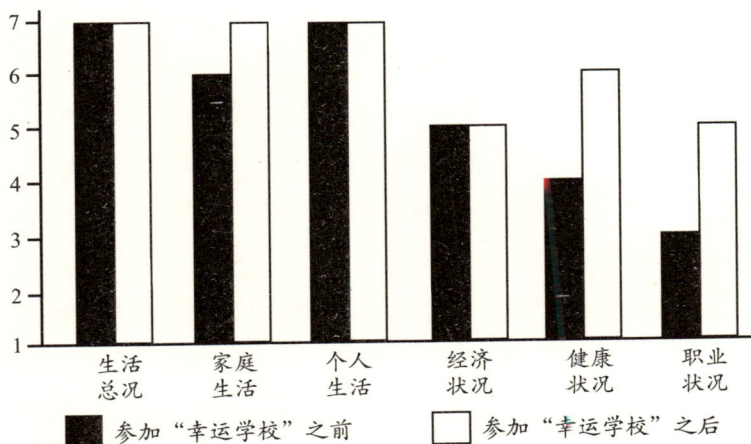

约瑟夫生活满意度调查表上的得分

总的来说，"幸运学校"中有80%的学员表示自己的运气得到了增强。平均而言，这些人估计自己的运气增加了40%以上。从"幸运学校"毕业后，人们的运气得分显示，倒霉的人变得幸运了，幸运的人则变得更加幸运了。或许最为重要的是，如下页表所示，他们对自己生活的各个方面都更加满意了。

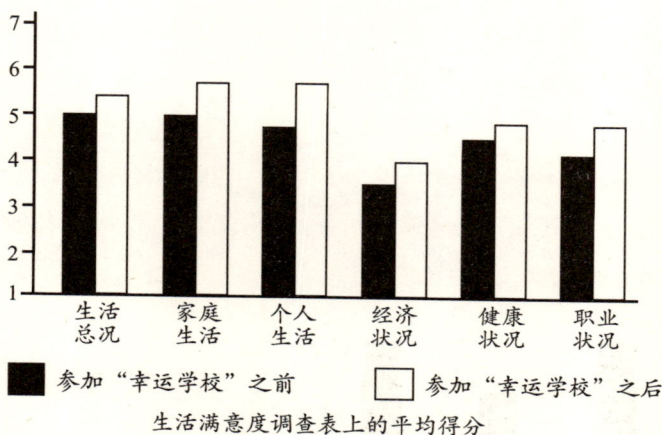

生活满意度调查表上的平均得分

■ 参加"幸运学校"之前　□ 参加"幸运学校"之后

　　我在先前的运气研究中曾预言，人们只要能像幸运者一样思考和行动，那么他们就应该能提升生活中的好运气。"幸运学校"证实了这个预言。倒霉的人变得幸运了，幸运的人则变得更加幸运了。即使只有短短的一个月，幸运法则的效果也是惊人的。人们创造了更多的机遇，做出了更多的幸运决定，朝着人生目标迈出了重要的一步，学会运用各种方法来化厄运为好运。或许最为重要的是，他们对生活的许多重要方面都变得更加满意了。

结语　朝着更幸运的未来进发

　　在本书的引言部分，我讲述了自己职业魔术师的背景是如何引领我对心理学产生浓烈的兴趣的。作为魔术师，我需要深入了解我的观众看待事物的方式，只有这样，我才能创造出那些既能愚弄又能逗乐他们的魔术。此刻，我的运气研究项目也临近结束，我意识到自己早年魔术师的经历与如今的研究工作有着更为深层的关联。作为魔术师，我似乎是在化不可能为可能。物体凭空消失，挑战了引力定律。人的身体前一秒被一分为二，后一秒又安然无恙地合二为一。仅仅几分钟的时间，眼前的世界就能变得面目全非。我对运气的研究也同样表明了转变的无限可能。我的研究显示，人们可以去大幅度地增强生活中的好运气。他们可以改变自己并不断成长。他们可以放下过去，朝着更为幸运和更令人满意的未来进发。

但不同于我表演的魔术，这些转变并不是一种幻觉、一个花招。相反，它是一种永久性的、实实在在的改变，它由四项心理学法则作为强有力的支撑。这些转变并不需要你去学那些晦涩难懂的知识或进行多年刻苦的练习。你需要做的只是去理解本书中描述的这些理念，然后打心眼里渴望将幸运的四项法则融入自己的生活，并期待过上一个更为幸运的生活。

探索运气背后潜在的秘密是一段漫长但又十分值得的旅程。几千年来，人们早已意识到运气的重要性，但是人们一直认为运气是一种神秘的力量，只能受到迷信的宗教仪式的操控。他们试图通过佩戴幸运符、触摸木头、避免数字13来增强生活中的好运气。然而这些方法都不管用，因为这些迷信的想法都基于人们无法正确地认识运气的本质。科学的研究表明，运气的实质就在于四项基本的心理学法则。这本书解释了这四项基本法则背后的理论，并提供了各种实用的方法来帮助你将这些法则融入自己的生活。这些方法能够提升你在日常生活中的好运气，让你的生活变得更加多姿多彩。它们能使倒霉的人变得幸运，幸运的人变得更加幸运。

当然，你是否决定去使用这些方法都取决于你自己。只有你本人才能决定你是否想要改变自己思维和行为的方式。但在你做出决定前，请想一想这些额外的好运气可能会对你的个人生活及职业生涯产生的积极作用。它们将帮助你创造幸福的家庭生活和构建紧密真诚的朋友圈。它们将帮助你找到梦寐以求的工作以及理想中的完美伴侣。它们又将帮助你过上一个健康、幸福和高满意度的生活。做出这些必要的改变并不会很困难或耗费大量的时间。你需要的只是一颗真诚、渴望改变的心，愿意从全新的角度去看待你的运气。你的未来并非不可改变。你的好运程度也并非是注定的。你有能力去改变自己的运气。你能够创造更多的好运气，让自己拥有更多的机会，能在正确的时间，出现在正确的地点。

你未来的运气，尽在你的掌控之下。

让我们现在就行动起来吧。

附录 A

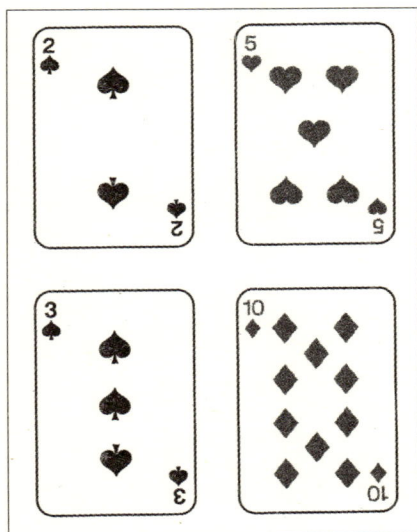

附录 B

分析师1   分析师2